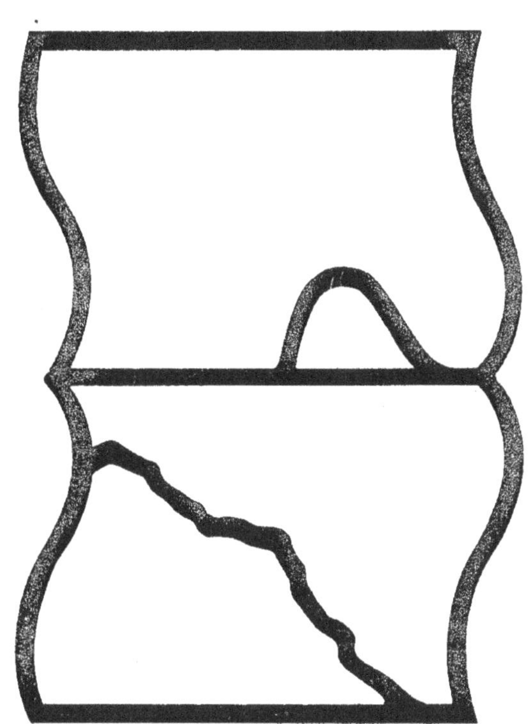

Texte détérioré — reliure défectueuse

NF Z 43-120-11

BIOGRAPHIES ALSACIENNES

ET

PORTRAITS EN PHOTOGRAPHIE

PAR

ANT. MEYER

2me SÉRIE. — 1re LIVRAISON

LEFÈBVRE, François-Joseph.
Le Baron ZORN DE BULACH.
HARTMANN, Jacques-Frédéric-Félix.
KESSLER, Jacques-Frédéric.

COLMAR

ANT. MEYER, ÉDITEUR, rue des Clés, 18.

—

1884

LISTE DES COLLABORATEURS

MM. ARMBRUSTER. — Gustave FISCHBACH. — Charles
GRAD. — G. A. HIRN. — INGOLD, ancien notaire. — Ernest
LEHR. — Abbé RICKLIN — P. RISTELHUBER. — Ad.
SCHÆFFER. — Ch. SCHMIDT. — Auguste STŒBER. —
Mme BECK-BERNARD.

CONDITIONS D'ABONNEMENT

On s'abonne pour une année.

Chaque livraison est expédiée contre remboursement,
pour :

L'Alsace, par livraison (12 livr. par an) . . . fr. 4,—
L'Étranger,   »   »   . . » 4,5o

Les abonnés qui désirent recevoir franco sans remboursement, sont priés d'envoyer le montant de leur
abonnement à **M. Meyer**, en même temps que leur
souscription.

BIOGRAPHIES

ALSACIENNES

Recueil publié sous la direction de

P. RISTELHUBER

avec

PHOTOGRAPHIES

par

Ant. MEYER

DEUXIÈME SÉRIE

COLMAR

Ant. Meyer, éditeur, rue des Clefs, 18

1884

LISTE DES COLLABORATEURS

MM ARMBRUSTER. — Gustave FISCHBACH. — Charles GRAD. — G. A. HIRN. — INGOLD, ancien notaire. — Ernest LEHR. — Abbé RICKLIN — P. RISTELHUBER. — Ad. SCHÆFFER. — Ch. SCHMIDT. — Auguste STŒBER. — Mme BECK-BERNARD.

CONDITIONS D'ABONNEMENT

On s'abonne pour une année.

Chaque livraison est expédiée contre remboursement, pour :

L'Alsace, par livraison (12 livr. par an) . . fr. 4,—
L'Étranger,   »   »   . . » 4,5o

Les abonnés qui désirent recevoir franco sans remboursement, sont priés d'envoyer le montant de leur abonnement à M. Meyer, en même temps que leur souscription.

BIOGRAPHIES

ALSACIENNES

Recueil publié sous la direction de

P. RISTELHUBER

avec

PHOTOGRAPHIES

par

Ant. MEYER

DEUXIÈME SÉRIE

COLMAR

Ant. Meyer, éditeur, rue des Clefs, 18

1884

TABLE

GÉNÉRAL LEFEBVRE, FRANÇOIS-JOSEPH

LEFÈBVRE, François-Joseph

[Cachet: Bibliothèque Nationale]

UC de Dantzig, maréchal de France, naquit à Rouffach (Haut-Rhin), le 25 octobre 1755. Fils d'un meunier, il perdit son père à l'âge de huit ans et fut confié aux soins d'un oncle paternel, curé-recteur à Guémar. Il prit du service dans les gardes françaises le 10 septembre 1773. Il était sergent dans ce corps en 1789 lorsqu'il eut occasion de sauver la vie à ses officiers attaqués dans leur caserne par la populace en fureur. Cette même année il quitta les gardes françaises pour être incorporé avec la moitié de sa compagnie dans le bataillon des Filles St.-Thomas, dont il dirigea l'instruction. Il fut blessé deux fois à la tête de ce bataillon, en protégeant la rentrée aux Tuileries de la famille royale et en facilitant le départ pour Rome de Mesdames, tantes du roi. En 1792 il faillit être victime de son zèle en préservant contre le pillage la caisse d'escompte. Général de division le 10 janvier 1794, son nom se rattache à tous les faits glorieux de nos armées des Vosges, de la Sarre, de la Moselle et surtout de Sambre et Meuse. A Fleurus il décida, par son énergie, du sort de la journée. Au printemps de 1796 il eut à soutenir le combat d'Altenkirchen, le plus disputé et le plus glorieux de la campagne. En 1799 il opposa, à Stockach, une vigoureuse résistance à trente-six mille Autrichiens. Blessé grièvement dans cette affaire, il obtint un congé et revint à Paris où il reçut du Directoire une armure d'honneur complète. Lefèbvre était tout dévoué au Directoire, mais Bonaparte comptait bien qu'il ne résisterait pas à son ascendant. Lefèbvre commandant la 17ᵉ division fut mis sous ses ordres.

Le 18 brumaire an VIII les salons de Bonaparte étaient trop petits pour recevoir le monde; le député Cornet vint lui présenter le décret de translation du conseil à St.-Cloud. Bonaparte s'adressa, entre autres officiers, à Lefèbvre. Celui-ci voyant les troupes en mouvement sans son ordre, avait interrogé le colonel Sébastiani qui, sans lui répondre, lui avait enjoint d'entrer chez le général. Lefèbvre était entré avec Lannes. — Eh bien! Lefèbvre, lui dit Bonaparte, vous l'un des soutiens de la République, voulez-vous la laisser périr dans les mains de ces avocats? Unissez-vous à moi pour m'aider à la sauver. Tenez, ajouta-t-il, en prenant un sabre, voilà le sabre que je portais aux Pyramides, je vous le donne comme un gage de mon estime et de ma confiance. — Oui, reprit Lefèbvre tout ému, jetons les avocats à la rivière. Il déclara qu'il resterait auprès de Bonaparte.

En 1806 Lefèbvre reparut à la grande armée. Après Eylau l'empereur lui confia la conduite du siége de Dantzig et mit sous ses ordres l'armée polonaise, l'armée saxonne et le contingent de Bade. La place fut investie le 10 mars. Le général Kalckreuth, qui y commandait, ne se rendit avec sa garnison qu'après 51 jours de tranchée ouverte, le 26 mai suivant. Ce brillant résultat valut au maréchal Lefèbvre le titre de duc de Dantzig.

Lefèbvre fit également les campagnes d'Espagne, d'Autriche, de France et ne rentra à Paris qu'après l'abdication de l'empereur. Louis XVIII le nomma pair de France le 2 juin 1814. Il mourut à Paris le 14 septembre 1820. Quelques jours auparavant il était allé choisir au cimetière du Père-Lachaise son dernier asile. Il marqua sa place auprès de Masséna.

Quoiqu'il n'ait point brillé par les qualités de l'esprit, on cite de lui un mot piquant. Un jeune fat l'ayant impatienté à force de rappeler ses ancêtres, Lefèbvre lui répondit : « Eh ! ne soyez pas si fier de vos ancêtres ; moi je suis un ancêtre ! » « J'ai compté mes aïeux, dira plus tard Alfred de Vigny,

Si j'écris leur histoire ils descendront de moi. »

« Dès le commencement de la guerre, a dit Suchet, Lefèbvre s'était fait une tactique particulière. Son génie militaire trouvait sur le terrain même et sans combinaison préalable, des ressources extraordinaires pour fixer la victoire. Dans les principales affaires où il s'est trouvé, il en a décidé le plus grand nombre d'une manière éclatante par son intrépidité, par la justesse de son coup d'œil et par sa grande habileté à électriser les soldats, à se les attacher par la confiance, à les porter aux plus grandes actions, enfin à les maintenir dans une sévère discipline aux époques les plus difficiles. »

Lefèbvre s'était marié à l'époque où il n'était encore que sergent et avait épousé une femme de basse condition qui garda dans les grandeurs ses allures simples et sans façon. A diverses reprises des amis officieux s'entremirent pour conseiller le divorce au duc de Dantzig, mais Lefèbvre refusa de prêter l'oreille à ces avis. On rapporte que la maréchale avait conservé dans une armoire de son château de Combault les différents costumes qu'elle et son mari avaient portés depuis leur union, rangés suivant leur ordre chronologique : « Voilà, dit-elle un jour à Madame Lagarde, femme du préfet de Seine-et-Marne, une galerie de costumes de conditions bien diverses. Nous avons été curieux de conserver tout cela. Il n'y a pas de mal à revoir ces sortes de choses de temps en temps, comme nous le faisons, c'est le moyen de ne pas les oublier. »

Deux traits qui peignent le caractère de Lefèbvre :

Les Russes faits prisonniers en Hollande étaient envoyés à Alençon ; à Rueil Lefèbvre alla les visiter. La fatigue dont ils étaient accablés après une route si longue, la misère à laquelle il les vit réduits, le touchèrent ; il se transporta sur le champ auprès du ministre de la guerre et obtint qu'ils resteraient à Rueil tout le temps qu'il jugerait convenable.

Le second trait n'est pas moins honorable :

Pendant qu'il commandait la 17e division militaire il fut instruit qu'il existait dans la prison de l'Abbaye un cachot fétide et malsain, dans lequel le barbare geôlier s'était permis de renfermer, par punition, un prisonnier qui avait tenté de s'évader. Lefèbvre persuadé que l'humanité pouvait s'accorder avec la sévérité de la justice, ordonna sur le champ que ce cachot fût à jamais fermé.

Lefèbvre est né dans une maison de la Metzgergasse qui appartient actuellement à Mademoiselle Haberer. Le buste du maréchal en marbre blanc a été donné par sa veuve à la ville de Rouffach, il orne la salle des délibérations du Conseil municipal.

SOURCES : Babié et Beaumont, *Galerie militaire*, Paris (Barba) 7 vol. in-12 ; Mar. Mortier, *Disc. pron. aux funérailles du maréchal duc de Dantzig*. — Suchet, *Eloge funèbre pron. à la Chambre des pairs le 12 juillet 1821*. — Mahul, *Annuaire nécrologique 1820*. — Larchey, *Les cahiers du capitaine Coignet*, Paris, 1883.

Baron ZORN DE BULACH
Hugo-Antoine-Marie-Ernest

Le Baron ZORN de BULACH

HUGO-ANTOINE-MARIE-ERNEST

ÉPUTÉ au Reichstag et membre du Landes-
auschuss d'Alsace-Lorraine, est né le 8
février 1851 au château d'Osthausen,
près Erstein. Son père, membre également
du Landesausschuss, était chambellan de
l'empereur Napoléon III et député de l'arrondissement de Schlestadt au Corps législatif sous le
régime français. Sa mère est fille du baron Charles
de Reinach-Hirzbach, ancien pair de France. Le
nom des Zorn apparaît dès le douzième siècle au
nombre des familles patriciennes de Strasbourg
où ils ont joué depuis un rôle important. On trouve
la mention d'un Jacob Zorn dans l'histoire de cette
ville dès l'année 1191, de Nicolas Zorn, commandant les milices de Strasbourg contre Walter de
Géroldseck (évêque de cette ville) à la bataille de
Ober-Hausbergen 1262. L'évêque et ses partisans
furent complètement battus et anéantis et Strasbourg garda ses franchises. Un moment la supré-
matie leur fut disputée par les Mullenheim, surtout
dans les sanglants conflits de l'année 1332, où ils
représentaient l'élément libéral. On ne sait au
juste d'où la famille établie à Strasbourg tire le
nom de Bulach. Une charte de l'an 1321 mentionne :
*Johannes et Waltherus fratres dicti de Bulach,
milites argentinenses, Catharina soror eorum, filius
quondam Gosselini de Bulach, militis arg.* Pendant
longtemps les Zorn fournirent à Strasbourg la
plupart de ses Stättmeister. En 1468 Reinhard

Zorn de Bulach était commandeur de l'ordre des chevaliers de Malte. Un autre membre de la famille défendit en 1632 la ville de Benfeld assiégée par les Suédois, sous la conduite du comte de Horn.

Après avoir fait ses études classiques chez les Jésuites à Metz, M. Hugo Zorn de Bulach suivit à l'université de Strasbourg les cours de la faculté de droit, puis l'Académie agricole de Hohenheim, dans le Wurtemberg. Lieutenant dans la garde mobile du Bas-Rhin pendant la guerre de 1870, il jugea de son devoir de rester en Alsace, après le fait accompli de l'annexion, afin de lutter pour l'autonomie du pays. Membre de plusieurs sociétés savantes et président du comice agricole du cercle d'Erstein, il s'occupa de l'exploitation des domaines de sa famille situés en Alsace et dans le duché de Baden , continuant aussi ses études d'agronomie dans plusieurs voyages en France, en Angleterre, en Autriche. En 1878, le canton d'Erstein le choisit pour siéger au Conseil général du Bas-Rhin, qui le désigna immédiatement pour son premier secré-taire. L'année suivante il fut élu au Landesausschuss d'abord, puis au Reichstag.

Jeune encore, M. Hugo Zorn de Bulach s'est fait déjà une place distinguée dans les assemblées parlementaires, dont il est devenu un des orateurs les plus écoutés, tant à cause de l'amabilité et de la franchise résolue de son caractère que sous l'effet de l'activité qu'il déploie dans le travail des com-missions, où ses collègues l'ont chargé de rapports importants. Au Landesausschuss son nom est attaché particulièrement, à la question de la réforme de l'administration du pays, de celle des caisses d'épargne et de l'impôt sur les boissons alcooliques. Au Reichstag, son premier discours a été une vigoureuse sortie contre l'interdiction de la langue française dans les débats publics au Landesausschuss. Le jeune député d'Erstein n'appartient pas au parti protestataire. Acceptant le fait accompli, non sans avoir éprouvé, comme tout le monde en Alsace, la douleur et le regret d'une conquête, sur les effets de laquelle la population n'a pas eu à se prononcer, il revendique pour le pays annexé des franchises égales à celles des autres États de l'Empire allemand. C'est dans cette vue qu'il a déposé, lors de la dernière session parlementaire, après son intervention pour la tolérance du français, une motion demandant l'abrogation de la dictature et de l'état de siège, dont le maintien indéfini en Alsace-Lorraine apparaît à beaucoup de bons esprits comme la préparation d'une incorporation définitive à l'État prussien. La clôture prématurée du Reichstag n'a pas permis à la motion contre la dictature de venir à l'ordre du jour. Quant à l'intervention de M. de Bulach en faveur de la langue française, elle avait le but d'assurer aux députés lorrains, qui ne parlent pas l'allemand, la faculté de participer aux débats du Landesausschuss, où la mesure prise par le gouvernement leur interdit de soutenir les intérêts de leurs commettants. Une partie notable de la population annexée et de ses représentants se trouve ainsi réduite au silence.

La simplification de l'administration, l'économie dans l'emploi des ressources publiques, l'amélioration des conditions économiques du pays ne prennent pas une place moins considérable dans les préoccupations de M. Hugo de Bulach. Inscrivant en tête de son programme politique, l'émancipation de l'Alsace-Lorraine pour son administration intérieure, avec une part active à toutes les mesures réclamées pour la sauvegarde des droits du pays et des intérêts de ses habitants, si ses critiques et l'indépendance de ses allures ne trouvent pas tou-

jours l'assentiment du monde officiel, il peut se
féliciter d'une confiance sans réserve de ses commettants avec la satisfaction du devoir accompli.

Le 27 décembre 1883, M. le baron Hugo Zorn
de Bulach a épousé à Baden Mademoiselle Mer-
cèdes Heeren, d'une ancienne famille patricienne
de Hambourg.

C. G.

SOURCES ; *L'Alsace noble*, de Lehr, et *Gothaisches genea-
logisches Taschenbuch der Freiherrlichen Häuser*. 1880.

FRÉDÉRIC HARTMANN

HARTMANN

JACQUES-FRÉDÉRIC-FÉLIX

MANUFACTURIER, naquit à Munster le 14 janvier 1822. Il était petit-fils d'André Hartmann qui vint se fixer à Munster l'an 1780 et fut un des créateurs de la grande industrie alsacienne. Après avoir fini ses études à la Faculté de droit de Paris, Frédéric Hartmann revint à l'âge de 23 ans dans sa ville natale pour se vouer à l'industrie. Il se trouva dès lors dans un milieu qui n'a pas peu contribué à lui donner les qualités solides qui plus tard ont distingué cet esprit éminent. A la tête des établissements de Munster se trouvaient les trois fils d'André Hartmann, hommes d'une énergie et d'une activité remarquables. L'aîné, Frédéric, député et plus tard pair de France, qui pendant toute sa carrière politique a eu des amitiés illustres, entre autres le général Foy, Benjamin Constant, Guizot. Le second, Jacques, qui construisit en 1819 la grande filature telle qu'elle existe aujourd'hui. Le dernier, Henri, adoré des ouvriers, était le père de Frédéric, auquel nous consacrons cette notice, et de Henri, Jacques et Alfred, tous quatre associés pendant de nombreuses années. Dans les derniers temps, Henri Hartmann était resté seul collaborateur de son frère et il le suivit malheureusement de très près dans la tombe.

Pendant les 24 ans que Frédéric Hartmann a exercé les fonctions de maire de Munster, il a fait subir à cette petite ville une transformation complète : ouvertures de rues larges et spacieuses, reconstruction et agrandissement de l'église catholique, reconstruction en style roman pur du nouveau temple protestant, construction en style alsacien du XVe siècle de la Laüb et de l'abattoir, établissement du chemin de fer de Colmar à Munster et des belles promenades publiques en face de la gare, création d'une école supérieure de garçons et d'une de filles, et, après 1870, d'une Realschule; tout cela et bien d'autres travaux d'un intérêt non moins grand, mais dont l'énumération serait trop longue ici, sont dus à son initiative.

À la construction si importante du chemin de fer de Munster à Colmar, et que M. Hartmann n'est parvenu à obtenir qu'à force d'énormes sacrifices personnels, il rattachait une autre conception d'un intérêt considérable, à la réalisation de laquelle il a consacré dix ans de sa vie ; nous voulons parler de la percée des Vosges qui devait établir une communication en ligne directe entre Paris et Vienne, par Colmar et Fribourg. Déjà les ingénieurs parcouraient la vallée et jalonnaient le tronçon de Munster à Wildenstein quand la guerre vint surprendre ce travail d'une portée incalculable pour l'avenir de notre pays.

À côté de ses occupations multiples, il trouvait encore le temps de s'intéresser à la littérature. Il lisait en même temps Rabelais et Bossuet, Voltaire et la Bible. Il était grand amateur de musique et de peinture, et les Roqueplan, les Delacroix, les Th. Rousseau, les Millet, avec lesquels il avait vécu dans la plus grande intimité jusqu'à leur mort, tenaient compte de son jugement.

Durant son administration, il s'occupa avec une sollicitude toute spéciale de la question si importante de l'enseignement. Il édifia successivement les belles écoles primaires et les salles d'asiles dont sa famille a gratifié la ville, et, après 1870, conçut le projet de la construction d'une nouvelle Realschule, projet aujourd'hui mis en exécution.

Pénétré des avantages de l'enseignement laïque, il formula et défendit, en 1867, au Conseil général du Haut-Rhin, dont il était un des membres les plus actifs, le vœu de la laïcisation des écoles primaires. Cette discussion a paru dans une brochure qui plus tard a fait quelque sensation dans le parti libéral en France. Ce ne fut cependant qu'en 1872 qu'il parvint à introduire l'enseignement gratuit et laïque dans sa propre commune. Il lui fut donné de vivre assez longtemps pour en apprécier les excellents résultats.

Pendant longtemps, Frédéric Hartmann ne s'était guère occupé de politique. Comme bien d'autres, il avait accepté, quoique avec peu d'enthousiasme, le régime qui avait donné à la France une série d'années de prospérité apparente; mais lorsque plus tard le gouvernement impérial se discrédita de plus en plus et provoqua en France le réveil des idées libérales, le maire de Munster prit rang, vers 1867, dans le parti démocratique et mit à sa disposition sa haute intelligence, son ardeur et son dévouement. Quel retentissement n'a pas eu, en Alsace, la lutte qu'il soutint comme candidat, lors des élections législatives de 1869, contre la candidature officielle, et avec quelle chaleur ne s'est-il pas élevé dans des réunions publiques contre le vote plébiscitaire qui, peu de temps après, a si cruellement atteint nos provinces!

Après les malheurs de 1870, Frédéric Hartmann fut nommé député de l'assemblée de Bordeaux et signa, avec ses collègues d'Alsace et de Lorraine, la protestation qui était un dernier acte solennel d'attachement et de dévouement à la France.

Après avoir donné sa démission, Frédéric Hartmann revint à Munster, malgré les conseils de beaucoup de ses amis, qui l'engageaient à se fixer en France. « S'il avait suivi ces conseils, disait un de ses collègues les plus autorisés de l'assemblée nationale à Bordeaux, sa place était marquée dans le parlement français où nul n'aurait représenté la tradition alsacienne avec plus d'éloquence ni de dignité. » Des considérations de famille, des obligations envers ses collaborateurs et la ville qu'il administrait depuis de longues années, enfin son attachement pour l'Alsace, l'engagèrent à renoncer à la vie parlementaire pour laquelle il était si richement doué et qui lui ouvrait incontestablement une carrière brillante.

En Alsace aussi ses amis le pressaient vivement d'accepter un mandat dans les assemblées délibérantes ; il déclina ces offres. Cependant en présence de l'immense désastre qui venait de fondre sur l'Alsace et du désarroi général qui en fut la suite, Frédéric Hartmann songea, avec quelques-uns de ses amis, à assurer l'existence de la famille alsacienne et à en sauvegarder les intérêts dans la mesure du possible. Dans ce but il se rendit avec MM. Ignace Chauffour, Fleischhauer, etc., à Berlin pour plaider en haut lieu les intérêts de ses concitoyens, mais cette démarche eut peu de succès.

La constitution si vigoureuse de Fr. Hartmann avait été fortement ébranlée par les nombreux travaux, les déboires même de sa carrière administrative ; les anxiétés de l'année terrible et les soucis de l'avenir firent le reste. Il mourut à Paris, le 4 juin 1880.

M. HEID.

KESSLER, Jacques-Frédéric

KESSLER, Jacques-Frédéric

EST né le 2 juin 1829, à Sainte-Marie-aux-Mines (Alsace). D'un caractère franc et loyal, il gagna facilement l'estime ainsi que l'affection de ses concitoyens. Jeune encore, il fut appelé à la tête d'une industrie qui prospéra largement grâce à son travail et à son intelligence. Pendant les plus grandes crises ses établissements prospérèrent, sans que jamais les intérêts et le bien-être de ses collaborateurs fussent sacrifiés.

Administrateur distingué, il fut nommé maire de Soultzmatt où il géra, pendant de longues années avec beaucoup de soin et de dévouement les affaires de la commune. Un des premiers en Alsace, il organisa une école primaire supérieure. Les services exceptionnels qu'il rendit lui firent pardonner, par les autorités impériales, des idées libérales et son indépendance de caractère.

Après les événements malheureux de 1870-71, M. Kessler n'hésita pas à transporter son foyer et son industrie sur la terre française. Il quitta un pays où il avait passé 40 années de sa vie, où il était aimé et honoré, où il avait élevé une génération d'ouvriers fidèles et honnêtes et créé une prospérité inconnue avant lui. Il fut le premier entre tous les manufacturiers du Haut-Rhin à transporter son industrie en France. C'était une initiative hardie qui lui fait le plus grand honneur.

La ville de Belfort où il se fixa lui fit l'accueil qu'il méritait. Bientôt il entra au Conseil municipal de cette ville où son expérience des affaires avait marqué sa place. L'administration départementale, heureuse de pouvoir utiliser ses connaissances et son dévouement à la cause de l'instruction primaire, le plaça dans la délégation cantonale. Son jugement droit et son habitude de la vie commerciale lui firent occuper l'un des siéges du tribunal de commerce. Le Conseil d'administration de la succursale de la Banque de France et le Conseil de perfectionnement du lycée firent également appel à son généreux concours, en l'admettant dans leur sein.

Il remplit ces différentes fonctions avec un égal dévouement. Ce fut dans toute l'acception du mot un homme de bien : il poursuivait quelque chose de plus qu'un résultat matériel, il recherchait la justice, la vérité et le bien et il apportait à la réalisation de ce but tout ce qu'il avait d'intelligence, de cœur et d'énergie. Une mort prématurée l'enleva le 3 octobre 1880, à l'âge de 51 ans.

ARMBRUSTER.

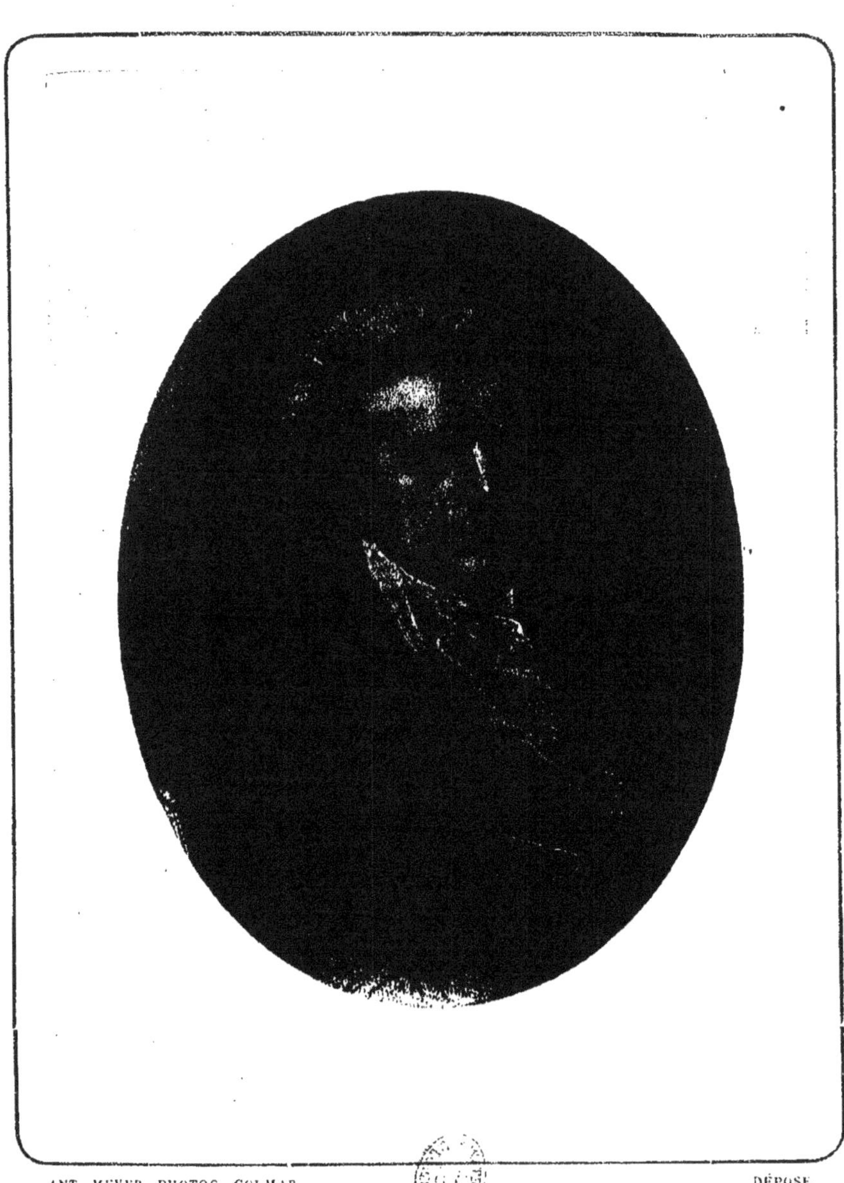

Jean SCHWEIGHEUSER

SCHWEIGHÆUSER, Jean

ELLÉNISTE, naquit le 26 juin 1742 à Strasbourg, où il mourut le 19 janvier 1830. Sa sœur Marie-Madeleine épousa en 1761 Sigismond Lorentz, professeur et recteur de l'Université. La haute situation de ce dignitaire inspira à son jeune beau-frère une noble émulation. Son premier ouvrage fut une dissertation latine fort étendue sur le *Système moral de l'Univers*. Dans cette thèse soutenue avec éclat en 1767 il se rencontrait, sans le savoir, avec les maîtres nouveaux de l'école écossaise, dont les théories encore inconnues du public européen n'avaient été professées jusque-là que dans les chaires d'Edimbourg et de Glascow. Reçu maître ès-arts, il alla passer dix mois à Paris et s'y perfectionna sous la direction de De Guignes dans la connaissance de l'arabe et du syriaque. Après des voyages en Allemagne, en Angleterre et en Hollande, il revint dans sa patrie et fut attaché en 1770 à l'Université comme professeur-adjoint de philosophie. Il composa, pour ses élèves, plusieurs dissertations qui leur servaient de sujets de thèses dans les examens publics. Il les a recueillies pour la plupart dans ses *Opuscules académiques* publiés en 1806, l'une d'entre elles avait pour titre : « L'homme a-t-il une connaissance plus parfaite des choses corporelles que de sa propre intelligence ? » Schweighæuser répondit négativement, ce qui était alors une grande nouveauté. Pour lui le moi individuel était indestructible.

L'habitude d'une vie retirée lui fit sentir le besoin d'une compagne : au commencement de 1775 il épousa Catherine Hæring, fille d'un des principaux notaires de la ville. La même année il obtint la chaire de grec et de langues orientales. Brunck, dont le commerce était difficile, le prit en amitié et l'associa à l'édition qu'il préparait de *Sophocle* ; en outre, il le recommanda à Musgrave qui, après avoir éprouvé ses talents, le désigna, avant de mourir, pour achever et mettre au jour l'édition d'*Appien* à laquelle il travaillait. Schweighæuser en fit paraître le texte à Leipzig en 1785, 3 vol. in-8°, et l'accompagna d'une excellente traduction latine et d'un commentaire qui témoignait de l'étendue de ses connaissances historiques et linguistiques. Il publia ensuite *Polybe*, Leipzig, 1789-95, 9 vol. in-8°, sur une révision complète des meilleurs manuscrits. Il n'avait pas terminé ce travail lorsqu'éclata la révolution, dont il se montra d'abord grand partisan. Il adressa à la Constituante un projet tendant à la création dans le royaume de grandes universités par groupes de quinze à vingt départements, en demandant que l'un de ces établissements fut fixé à Strasbourg. Membre du Conseil général, il signa une adresse à l'Assemblée législative pour demander le maintien de la monarchie constitutionnelle. Il expia cet acte de sa vie publique par un exil à l'intérieur, à Baccarat, en Lorraine. Il y reprit ses paisibles travaux, il les mit même sous la protection de la Convention. Dans une lettre qu'il adressait à Ehrmann le représentant, pour le prier de faire parvenir son *Polybe* au Comité d'instruction publique, il s'excuse d'avoir fait imprimer son livre en Allemagne : « Je suis fâché et presque honteux d'offrir aux républicains français un ouvrage imprimé dans le pays des esclaves... Cependant, j'ai obligé mon libraire de mettre, au fond de l'Allemagne, la nouvelle ère des Français à la suite de la préface du 1ᵉʳ volume (*anno libertatis populo Gallo-Francorum restitutae III*). »

Rentré à Strasbourg, Schweighæuser fut chargé de la chaire des langues anciennes à l'Ecole centrale du Bas-Rhin. Il entreprit alors l'édition des œuvres d'Epictète conservées par Arrien et Simplicius. Cette publication en 5 vol. in-8° fut terminée en 1799, elle avait été précédée du *Manuel d'Epictète* et du *Tableau de Cébès* qui avaient fait la lecture favorite de Schweighæuser pendant son exil. Pour cette publication des monuments de la philosophie stoïcienne, il fut aidé par son fils Geoffroi, qui mérite une notice particulière. Jean Schweighæuser fut nommé l'un des premiers correspondant de la troisième classe (littérature) de l'Institut. Il avait pour collègues à Strasbourg le mathématicien Arbogast, l'helléniste Brunck, l'humaniste Oberlin, le médecin Lombard et l'historien Koch, en sorte que Camus, chargé en l'an X d'une mission à l'effet de visiter les dépôts d'archives de l'Alsace, pouvait dire avec raison « qu'il semblait que l'Institut eût envoyé une colonie à Strasbourg ».

Ayant appris que parmi les quatorze manuscrits d'Athénée que possédait la France, deux étaient restés ignorés des anciens éditeurs, il entreprit une recension nouvelle du fameux *Banquet des savants ;* elle fut imprimée à Strasbourg aux frais de la Société établie auparavant à Deux-Ponts. Cette belle publication, qui parut de 1801 à 1807, forme 14 vol. in-8° ; elle comprend le texte, la traduction latine, un commentaire et est précédée d'une préface de 120 pages qui est un monument achevé de critique et d'érudition.

En 1806, Schweighæuser fut nommé conservateur de la bibliothèque et, en 1809, professeur de littérature grecque à l'Académie nouvellement établie et doyen de la Faculté des lettres. Pendant que son fils Geoffroi faisait l'éducation de René d'Argenson, il hasardait pour la première fois une excursion sur le terrain de la philologie latine : il donnait une édition des *Epîtres de Sénèque à Lucilius* d'après les manuscrits conservés à la bibliothèque Strasbourg, dont l'un, datant du XIe siècle, n'avait pas encore été utilisé. L'ouvrage parut en 1809 en 2 vol. édités par la Société de Deux-Ponts. Enfin Schweighæuser résolut de faire pour Hérodote ce qu'il avait déjà fait pour Appien, Polybe, Epictète et Athénée. Prenant pour base l'édition de Wesseling, il y introduisit des améliorations importantes par la comparaison attentive d'une dizaine de manuscrits, ainsi que par les observations de Creuzer et de Boissonnade. En faisant paraître ce beau travail, Strasbourg, 1816, 6 vol. in-8°, avec un *Lexicon herodoteum*, ib. 1824, 2 vol. in-8°, il mit dignement le sceau à sa réputation d'helléniste. La perte de la vue, causée par une fatigue excessive, l'obligea en 1824 à se démettre de ses chaires, qui passèrent à son fils Geoffroi. D'une modestie à toute épreuve, malgré son mérite éminent, Schweighæuser montrait dans sa vie privée cette même conscience sévère qui le guidait dans ses travaux. A l'inverse de Brunck, il était sobre de conjectures tendant à modifier les leçons des auteurs. Dans ses transactions avec les imprimeurs il montrait la plus grande délicatesse et il sut inspirer du dévouement même à ses libraires.

P. Ristelhuber

SOURCES : Dahler, *Memoriæ J. Schweighæuseri sacrum.* Arg. 1830. — Dahler, Schuler, *Reden bei der Beerdigung von J. Schweighæuser.* Str. 1830. — Cuvier, *Eloge.* Str. 1830. — Stiévenart, *Eloge.* 1830. — Spach, *les deux Schweighæuser.* Str. 1869. — Rabany, *les Schweighæuser* dans : *Bulletin de la Société historique,* n° 7. Paris, 1883, in-8°.

ANT. MEYER. PHOTOG. COLMAR   DEPOSE

RAMOND DE CARBONNIÈRE

RAMOND

LOUIS-FRANÇOIS-ELISABETH

ATURALISTE, naquit à Strasbourg le 4 janvier 1755. Son père, trésorier de l'extraordinaire des guerres, était natif de Montpellier, sa mère, Marie Eisentraut, appartenait à une famille allemande de la rive gauche du Rhin ; c'étaient les persécutions exercées contre les protestants et les dévastations auxquelles les armées françaises livrèrent à deux reprises le Palatinat qui avaient fixé ses deux familles en Alsace, en sorte que réunissant en lui la nature vive et ardente des habitants du Midi avec cette disposition à la méditation, cette persévérance si générales parmi les peuples germaniques, Ramond puisait dans le souvenir de ses ancêtres l'horreur du gouvernement arbitraire et des conséquences qu'il entraîne même lorsqu'il est dans les mains d'un monarque d'une aussi grande élévation d'esprit que l'était Louis XIV.

Strasbourg était peut-être le lieu le plus favorable au développement de ces dispositions. La France en s'emparant de cette ville, lui avait garanti la conservation de son régime intérieur et l'on y retrouvait toutes les formes compliquées des républiques du moyen-âge. Son université, organisée comme celles de l'Allemagne, devait aux talents de Schœpflin une célébrité particulière pour les études relatives à la diplomatie et au droit public. Ramond y eut pour camarades d'études les hommes qui ont joué de nos jours les premiers rôles en Europe. A peine sorti des bancs, il gravissait à pied la cime des Vosges, visitait les ruines de leurs anciens châteaux et les repeuplait de scènes touchantes ou terribles. De plus il aimait. Les exaltations de sa flamme respirent dans les *Dernières aventures du jeune d'Olban, fragment des amours alsaciennes* (Yverdon, 1777) et dans un volume d'*Elégies* en deux parties, également imprimées à Yverdon en 1778. Les *Dernières aventures du jeune d'Olban* sont une imitation et une sorte de contre-épreuve de *Werther* qui venait de paraître. Ch. Nodier a cru pouvoir donner de d'*Olban* une nouvelle édition chez Techener en 1829. C'est un drame en trois journées et en prose. L'ouvrage, dans la première édition, était dédié simplement *à M. Lenz*. Nodier a donné une dédicace plus longue d'après l'exemplaire autographe de Ramond. Enfin Sainte-Beuve a trouvé dans un exemplaire augmenté de notes de l'auteur, un autre projet de préface qui se termine ainsi : « je ne classe pas mon ouvrage et je déclare que je trouverai fort bon que ceux qui ont refusé aux pièces de Shakespeare le nom de *tragédie* quoiqu'elles inspirent la *terreur* et la *pitié*, donnent à mon drame le nom de *farce*, quoiqu'il n'inspire pas le dégoût. » Le drame n'est pas une *farce*, mais il n'est pas un chef-d'œuvre. Dorat l'inséra dans son *Journal des Dames* (octobre 1777) et l'accompagna, en le publiant, d'une lettre explicative qui fait juger des hardiesses et des espiègleries littéraires du temps.

La *Guerre d'Alsace pendant le grand schisme d'Occident*, publiée en 1780, n'est aussi qu'un canevas de scènes décousues que l'auteur place vers la fin du onzième siècle aux environs de Colmar. Cependant on traduisit l'ouvrage en allemand et il fut représenté sur différents théâtres. L'introduction intitulée *avant-scène*, aurait pu le faire accueillir partout : c'est un morceau d'histoire écrit avec chaleur et qui donne en peu de pages une idée assez précise d'une époque importante.

Dès 1777, Ramond parcourut la Suisse. On peut se représenter la vivacité des impressions qu'il éprouva par les notes de sa traduction des *Lettres de Coxe*, 2 v. in-8°, Paris, Belin 1781. Avec quelle vérité il peint ces vallées où déjà la surface du globe est arrivée à l'équilibre, ces roches dont les ruines menacent encore le séjour de l'homme et ces glaciers éternels, bornes infranchissables à toute organisation ! Avec quel charme il parle des douceurs de la vie champêtre ! Avec quelle pénétration il rend compte des intrigues et des passions qui agitent ces petites démocraties ! On retraduisit en anglais sa traduction française avec ses additions et sous cette forme elle eut en Angleterre plus de succès que l'original. Coxe fut moins satisfait que le public et dans une seconde édition plus étendue, il ne prononça pas même le nom de l'écrivain qui avait si puissamment concouru au succès de la première. Cette autre édition a été traduite en français par Th. Mandar, Paris 1790, 3 v. in-8°.

On avait été étonné à Paris qu'un jeune Alsacien écrivît le français avec cette élégance et cette force, on le fut bien davantage lorsque dans les cercles les plus brillants il se montra l'égal des hommes que l'on réputait le plus pour le talent de la conversation. L'hôtel de La Rochefoucauld lui fut largement ouvert, la duchesse d'Anville le traita comme son enfant et M. de Malesherbes le prit en amitié. Le cardinal de Rohan crut de son honneur de faire quelque chose pour un jeune homme de son diocèse qui annonçait de si beaux talents. Il lui donna le titre de conseiller privé. Lorsqu'en 1781 Cagliostro arriva à Strasbourg, le cardinal voulut le voir, l'entretenir, et bientôt Ramond dut devenir l'agent fidèle chargé des communications mystérieuses établies entre le prince de l'Eglise et le fils du cabaretier de Palerme. Ramond partagea jusqu'à un certain point la fascination qu'exerça sur son patron cet étrange personnage et laissa exploiter son trop crédule maître. Il lui fut plus utile dans l'affaire du collier ; il retrouva en Angleterre les traces de ce bijou et contribua par ses démarches et ses écrits à rendre les juges moins sévères. Dans l'été de 1787, Ramond aborda pour la première fois les Pyrénées. Ce curieux voyage est le sujet d'un volume publié en 1789 sous le titre d'*Observations*. Elles ne sont ni moins animées ni moins spirituelles que celles dont la Suisse a été l'objet. Nous retrouvons le peintre dans des tableaux tout neufs que nul avant lui n'avait traités. Les peuples qui habitent les vallées prêtent aussi à son étude. Il inspire la commisération envers ces races proscrites connues sous le nom de Cagots, il en recherche l'origine. Le second ouvrage de description et de science, qui recommande avec originalité son nom, est le *Voyage au Mont-Perdu*, 1801. Le Mont-Perdu est la première des montagnes calcaires comme le Mont-Blanc est la première des montagnes granitiques : « On chercherait en vain, dit Ramond, dans les montagnes granitiques, ces formes simples et graves, ces larges assises qui s'alignent en murailles, se courbent en amphithéâtres, se façonnent en gradins, s'élancent en tours où la main des géants semble avoir appliqué l'aplomb et le cordeau. » L'imagination, comme on voit, anime toujours son langage, mais au lieu de l'égarer comme tant d'autres, elle ne fait que rendre le vrai avec plus de vie, que transporter plus complètement le lecteur sur les lieux et lui mettre sous les yeux tout ce que l'auteur veut peindre. Nous ne nous étendrons pas sur le rôle politique de Ramond, nous dirons seulement qu'il était monarchiste constitutionnel et qu'il mourut conseiller d'État honoraire le 14 mai 1827.   P. R.

BARONNE DE GÉRANDO

Madame de GÉRANDO

Marie-Anne de Rathsamhausen naquit à Grussenheim, le 23 juin 1774, fut mariée à Riquewihr, le 31 décembre 1798, à Joseph-Marie de Gérando et mourut à Thiais (Seine), le 16 juillet 1824.

M. de Gérando, Lyonnais, avait été obligé, après le siége et la prise de sa ville natale par l'armée républicaine, de se réfugier d'abord en Suisse et en Italie, puis en Allemagne, avec son compatriote et ami Camille Jordan. C'est de là qu'étant venu en Alsace, il fit à Colmar, en 1795, la connaissance de Mlle Anne de Rathsamhausen, qui venait de perdre son père et qu'il épousa trois ans plus tard, après avoir pu se faire admettre comme volontaire dans un régiment de chasseurs à cheval, en garnison à Colmar. Une tante maternelle de Mlle de Rathsamhausen, Caroline-Charlotte de Malzen, chanoinesse de Remiremont, avait épousé en 1778 Charles-Léopold prince de Wurtemberg et còmte de Montbéliard. Ils habitaient une partie de l'année le château de Sierentz où Anne et sa sœur furent, après la mort de leur mère, appelées et reçues, pendant plusieurs mois, par leur tante. Une autre tante maternelle d'Anne, Catherine de Malzen, était chanoinesse du chapitre noble de Bussières et dame d'honneur de la comtesse d'Albany, veuve du dernier descendant des Stuart et qui épousa secrètement Alfieri. Suivant un usage alsacien, Mlle de Rathsamhausen était connue sous le diminutif d'Annette, et c'est ainsi qu'elle signait ses

lettres. Vivant presque toujours à la campagne
avant son mariage, ayant perdu sa mère dès l'âge
de quatorze ans et s'étant alors toute dévouée à
soigner son père, dont la vieillesse fut affligée par
les persécutions révolutionnaires, elle forma elle-
même son instruction par la culture et l'heureux
développement de ses facultés.

On a retrouvé dans la correspondance de Mme de
Staël une lettre que lui avait adressée de St.-Ouen,
le 4 juin 1801, M. de Gérando et où il caractérisait
ainsi sa femme : « c'est une chose très singulière
et qui m'étonne souvent que cette justesse d'esprit
et cet instinct de raison dont Annette est éminemment douée, avec un cœur fait pour toute exaltation
juste et noble. C'est ainsi qu'elle a toujours aimé
la liberté, quoique la Révolution ait ruiné sa famille
et lui ait enlevé tous les avantages qu'elle eût
tirés d'une noblesse de plus de mille ans et de sa
parenté avec plusieurs princes souverains. C'est
que la générosité du caractère contribue beaucoup
à la justesse des opinions... » Mme de Staël de
son côté, dans une soirée que lui donnaient M. et
Mme Lacène, beau-frère et belle-sœur de Camille
Jordan, disait : « Je ne connais aujourd'hui en
France que deux femmes qui sachent écrire d'une
manière supérieure, ma cousine de Germanie
(Mme Necker de Saussure) et Mme de Gérando. »
C'est vers cette époque, en 1811, qu'elle disait à
Mme de Gérando, dans une lettre qui a été publiée[1] :
« Je me vante de sentir quelle âme vous avez, quel
esprit vous éclaire. » Mme Récamier lui écrivait
d'Ecure, le 10 juillet 1810 : « Vous êtes la femme
à qui je voudrais ressembler... Il me semble que
si j'avais toutes vos qualités, j'aurais bien de la
peine à m'empêcher d'être vaine, et ce serait déjà

[1] *Lettres inédites et souvenirs biographiques de Mme Récamier
et de Mme de Staël*, p. 77. Paris, 1868.

bien peu vous ressembler que de n'être pas modeste. ». Le 22 février 1808, le prince primat de Dalberg, au moment où il quittait Paris pour retourner dans son grand-duché de Francfort, avait adressé ces adieux à Mme de Gérando : « Noble amie, lorsque votre mari et vous, serez dans un cercle d'amis choisis qui sentiront profondément tout le prix d'Annette et qui lui exprimeront ce sentiment avec amour, respect et vérité, souvenez-vous alors de l'*absent* qui lut dans votre belle âme, qui apprit à vous chérir autant qu'il sut vous admirer, qui a trouvé en vous un charme et des qualités dont nulle autre femme ne lui offrit le modèle et qui sont en vous un don divin de candeur et de pureté. »

On pourrait multiplier ces témoignages, il est temps d'arriver aux *Lettres* qui ont vu le jour en 1880 (Paris, Didier, in-12). Elles se divisent en trois séries : la première embrasse celles qu'Annette écrivit avant son mariage, elles offrent de fidèles esquisses de la vie intérieure de quelques-unes des principales familles alsaciennes de cette époque, des Dietrich, des Berckheim, des Waldner, elles peignent la jeune fille ; la seconde série se compose de lettres de Mme de Gérando depuis son mariage, elles nous montrent la jeune femme ; la troisième contient des lettres écrites par Mme de Gérando à son fils aîné, elles font voir la mère. Elles sont suivies de fragments d'un journal où son cœur et son esprit se réflètent si bien que les âmes généreuses ne peuvent manquer d'en goûter la bienfaisante influence. L'amitié, l'amour conjugal, la maternité ont rempli les instants de cette belle âme, comme l'appelait justement Dalberg. Octavie, Fanny, Henriette et Amélie de Berckheim sont ses correspondantes ordinaires ; elles passaient la belle saison à Schoppenwihr et réunissaient en elles

Jean-Jacques DIETRICH

DIETRICH, Jean-Jacques

RCHÉOLOGUE, naquit à Colmar le 31 août
1820. Son père était archiviste du Haut-
Rhin. L'enfant reçut ainsi, dès le berceau,
le goût pour les recherches archéologiques, qui devait plus tard lui donner un renom
mérité. Après d'excellentes études faites au collège
de Colmar, le jeune Dietrich entra, en 1840, dans
les bureaux de la préfecture de cette ville. Il ne
tarda pas à s'y faire remarquer par son activité,
son intelligence des affaires, et, deux ans après,
il fut nommé archiviste-adjoint du département.
Ces fonctions développèrent en lui les heureuses
dispositions de sa nature. Le préfet d'alors,
M. Bret, homme perspicace et administrateur
habile, s'aperçut bientôt que son archiviste n'était
pas un employé ordinaire. Aussi n'hésita-t-il pas à
l'appeler, en 1847, aux fonctions de chef de division. Dietrich les remplit pendant 23 ans. Colmar
et tout le département en conservent encore le
souvenir. Chacun sait ce qu'il y déploya d'aptitude
professionnelle avec une ardeur qui se communi-
quait à ses subordonnés. Il exerçait une sorte de
puissance attractive; on aimait à recourir à ses
lumières, parce que toujours on trouvait en lui un
homme de bon conseil, d'une obligeance délicate,
d'une expérience consommée. C'était l'un des chefs
les plus populaires de la préfecture.

Au milieu de ces obligations, Dietrich ne perdit
pas de vue les études sur nos antiquités nationales,
auxquelles son éducation de famille l'avait initié;

elles le passionnèrent; il y consacra ses loisirs.
Collaborateur de la *Revue d'Alsace*, de 1858 à
1873, il lui fournit des articles justement appréciés;
le *Musée historique* de Rothmüller, le *Magasin
pittoresque*, le *Bulletin de la Société des monuments
historiques*, le *Recueil des légendes et chroniques
alsaciennes* reçurent également de lui des études
estimées qui attestent la fécondité de son esprit.
Il rédigea aussi l'inventaire analytique des anciennes
archives de l'Intendance d'Alsace et celui de la
commune de Riquewihr. Cette publication fut
suivie de l'inventaire des archives particulières de
M. de Beer, ancien ministre plénipotentiaire de la
maison de Deux-Ponts. Ces importants travaux
assurèrent à Dietrich l'un des rangs les plus honorables parmi les investigateurs de nos documents
originaux.

Ce qui lui mérita surtout la reconnaissance publique, ce fut la part active qu'il prit à la fondation
de la *Société des Beaux-Arts*, dite *Schœngauer*, et de
la *Société d'histoire naturelle*, toutes deux établies
à Colmar, et dont il ne cessa de rester membre.
Pour rendre ces créations ce qu'elles devinrent
dans la suite, il s'agissait de classer, de développer,
d'enrichir le premier fonds qu'on avait déjà entre
les mains. On peut dire que Dietrich s'y dévoua;
il y mit son corps, son âme. Il chercha, il trouva.
Partout où il apprit qu'il existait un objet d'art, un
document précieux, un meuble antique, un tableau
curieux, un livre rare, un débris des anciens temps,
etc., on était sûr de le voir accourir, et souvent,
sinon toujours, il réussit dans ses démarches. Il
n'entre pas dans notre cadre de le suivre pas à pas
dans ses recherches ni de signaler tout ce que le
Musée Schœngauer lui doit; qu'il nous suffise de
dire que, grâce au concours de collaborateurs
éclairés, dévoués, chercheurs comme lui, on parvint

en peu d'années à faire de ce Musée et de ses riches collections l'orgueil de Colmar et l'admiration des étrangers.

Mais bientôt Dietrich dut quitter cette préfecture où il était entouré d'estime, ce cher musée qu'il aimait comme une seconde famille. Il venait d'être nommé chef de cabinet du préfet et chef de division de 1re classe, lorsqu'éclata la guerre de 1870. Colmar fut envahi. L'administration avait quitté l'hôtel de la préfecture ; Dietrich resta à son poste. Retenu pendant six semaines et gardé à vue, il opposa au vainqueur une mâle fermeté.

Quand, à la suite d'un siége à jamais célèbre, Belfort put prendre haleine et se réorganiser, M. Lebleu, nommé administrateur du territoire, voulut s'attacher Dietrich, dont il appréciait le mérite. Celui-ci fut promu aux fonctions de secrétaire général. C'était une acquisition précieuse, car il ne fallait rien moins que l'expérience, le tact, l'habileté d'un homme rompu aux affaires pour ne pas heurter, au milieu de circonstances aussi difficiles, l'arrogance de l'ennemi qui occupait la place. Dietrich répondit à ce qu'on pouvait espérer de lui. Il travailla, il se multiplia, il fut la cheville ouvrière de l'Administration.

L'aménité de son caractère, sa loyauté, sa droiture, jointes à l'étendue de ses capacités, ne firent qu'accroître la considération qui l'avait précédé à Belfort.

L'un de ses premiers soins fut de rechercher les documents intéressant les communes de la partie du Haut-Rhin restée française. L'administrateur le délégua, en 1871, auprès de l'autorité allemande, et Dietrich s'acquitta de cette mission avec un plein succès. Son père déjà, lors de l'invasion de 1814, avait sauvé du pillage l'important dépôt d'archives qui lui était confié.

C'était l'époque où ses compatriotes d'Alsace
commençaient à affluer à Belfort. Nommé, par déci-
sion ministérielle du 16 novembre 1871, membre
de la Commission d'émigration et déjà membre de
la Société des abris alsaciens, Dietrich se rencontra
partout où il y avait du bien à faire, des malheureux
à secourir, et l'administrateur, M. Poullet, put dire
devant son cercueil : « Les Alsaciens furent l'objet
de sa constante sollicitude. Aucune démarche,
aucun travail, aucun sacrifice ne lui coûtèrent pour
leur venir en aide ; il était leur conseil, leur ami,
leur père ». Ces paroles résument le meilleur
éloge. Cependant le goût dominant de Dietrich,
comprimé par les épreuves de la guerre et les difficultés de la réorganisation du territoire, se réveilla
dès que les évènements permirent à Belfort de
s'appartenir. Il songea à faire pour sa ville adoptive
ce qu'il avait déjà fait pour sa ville natale, en y
créant un Musée particulièrement destiné à l'histoire
et aux antiquités de cette Alsace qui ne quittait
pas sa pensée. Mais au moment de se mettre à
l'œuvre, les obstacles surgirent ; l'argent manquait
aussi bien que les locaux nécessaires, et même
l'ouverture que Dietrich fit de son projet rencontra
d'abord quelque méfiance. Il ne se découragea pas.
Il s'associa des collaborateurs éclairés, résolus ; il
les réunit, les persuada de la réussite de l'entreprise
et aussitôt fut fondée la *Société belfortaine d'émulation*, dont la présidence lui fut confiée et qu'il
conserva jusqu'à sa mort, arrivée le 10 juin 1881.
Cette mort fut un deuil public ; jamais Belfort ne
fut témoin de funérailles plus imposantes. C'est que
Dietrich avait fourni une des carrières les mieux
remplies ; c'est qu'avant tout, c'était un homme de
bien, l'esclave de ses devoirs, un esprit large,
libéral, conciliant, sympathique, un caractère généreux, un ami à toute épreuve.   ARMBRUSTER,

WESTERMANN, François-Joseph

WESTERMANN, François-Joseph

ÉNÉRAL au service de la République, naquit le 6 septembre 1751 à Molsheim, de Thiébaud Westermann, chirurgien, et de Marie-Elisabeth Dogin. Il s'engagea à 15 ans dans le régiment d'Esterhazy. Lorsque la Révolution éclata[1], il embrassa les nouvelles opinions politiques avec une ardeur extrême et devint greffier de la municipalité de Haguenau en 1790[2]. La part qu'il prit aux troubles qui éclatèrent alors dans cette ville le fit mander à Paris où il fût bientôt chargé de diriger, à la tête des Marseillais et des Brestois, l'attaque du 27 juillet 1792 contre les gardes nationaux réunis en banquet aux Champs-Elysées et dont la réunion était suspecte aux chefs qui voulaient le renversement de la monarchie. Le 10 août Westermann à la tête des Brestois, se signala avec un courage qui tenait de la fureur, à l'attaque du château des Tuileries où il entra le premier. C'est contre les Suisses surtout qu'il montra la plus grande animosité. Envoyé peu après à l'armée des Ardennes en qualité de commissaire et avec un grade militaire, il gagna la confiance de Dumouriez, qui le chargea des fonctions d'adjudant-général. Westermann nommé commandant de la légion du Nord, justifia son avancement par sa bravoure et ses talents et rendit

[1] « En mars 1775, Westermann fut accusé du vol de deux vestes. » Claretie. Cette accusation semble venir là comme le résultat d'un jeu de mots.

[2] Le *Journal de Haguenau* publie une histoire de Haguenau pendant la Révolution, par M. Klélé, où figurera Westermann.

des services signalés en 1793. Le grade de général de brigade en fut la récompense. Il passa dans la Vendée sous les ordres de Biron et eut d'abord des succès vers Parthenay et Châtillon. Mais les revers qu'il éprouva dans cette dernière ville le firent destituer et traduire à la barre de la Convention nationale. S'étant justifié devant le tribunal militaire où la Convention l'avait renvoyé, il repartit aussitôt pour la Vendée où, suivant les ordres qu'il avait reçus, il incendia les villes de Thouars, de Bressuire et de Tiffauges, et ravagea les châteaux et les terres des Lescure et des la Rochejacquelein. Cette fidélité à des ordres barbares ne put le sauver d'une nouvelle proscription. Destitué une seconde fois et également traduit à la barre de la Convention, il se justifia. Danton, son ami fit rendre un décret où il était dit que Westermann avait rempli son devoir. Mais le comité de salut public épiait le moment de l'envelopper dans une conspiration. Collot-d'Herbois, dans un discours perfide, dit qu'on devait regretter qu'il ne fût pas mort au champ d'honneur. Le 10 août, Hébert le signala comme un *monstre* et un *modéré*. Westermann vit le danger et proposa de marcher contre les comités à la tête de quelques braves : Danton refusa. Mis tous les deux en jugement avec Camille Desmoulins, Philippeaux, Hérault de Séchelles et Bazire, ils furent tous condamnés à mort le 5 avril 1794. On en chercherait en vain le motif dans le jugement. A la lecture de sa sentence Westermann s'écria : « Moi conspirateur ! je demande à me dépouiller nu devant le peuple ; j'ai reçu sept blessures par-devant ; je n'en ai qu'une par derrière, c'est mon acte d'accusation. » Il alla au supplice avec un calme imperturbable, causant sur la charrette avec ses compagnons d'infortune et le sourire du mépris sur les lèvres. Il était âgé

de quarante-deux ans. Une pièce d'archives donne
ainsi son signalement : « vêtu d'un habit gris bleu
à boutons de métal jaune, cheveux noirs nattés,
visage plein et brun, haut d'environ cinq pieds trois
pouces, portant un chapeau uni avec un bouton
d'acier. »

SOURCES : *Mémoires* de Mad. de la Rochejacquelein. —
Mémoires du général Turreau. — Muret, *Histoire des guerres
de l'Ouest.* — Claretie, *Camille Desmoulins*, P. 1875.

GUÉRIN, Christophe

GUÉRIN, Christophe

NAQUIT à Strasbourg le 14 février 1758.
Dès l'âge de 12 ans il se rendit à Paris,
dans l'atelier du peintre Jolain, dont il
suivit les leçons pendant huit années. De
retour dans sa ville natale, il donna des leçons de
peinture et fut nommé professeur à l'école municipale de dessin. Il devint le maître de presque
tous les jeunes Strasbourgeois qui se destinaient
aux beaux-arts, entre autres de Ch. Louis Simon,
de Jean Bein, de Schuler et de Ch. Muller.

Il succéda à son père dans le poste de graveur
de la monnaie. Ce fut lui aussi qui fonda à Strasbourg un musée de peintures, dont il fut le conservateur et qu'il enrichit d'une précieuse collection
de gravures et de dessins. Pendant la tourmente
révolutionnaire la cathédrale eut à subir des dégâts
irréparables; on abattit un grand nombre de figures
qui ornaient la partie inférieure de l'édifice; une
bande de furieux avait même conçu le projet de
la saccager complètement; on alla jusqu'à émettre
dans les clubs la proposition d'en détruire la flèche
afin de mettre le monument au même niveau que
les autres clochers. Ces projets de vandales ne
furent point exécutés, grâce à Christ. Guérin. Il
peignit, pour calmer l'exaltation populaire, une
déesse Raison et sauva ainsi la cathédrale d'une
dévastation honteuse.

Les principales gravures de Christ. Guérin sont:
l'*Amour désarmé*, d'après le Corrège (1789); l'*Ange
conduisant Tobie*, d'après Raphaël (1812); la *Danse*

des Muses, d'après J. Romain, publiée dans la collection Robillard en 1809; la *Vision de saint Benoit*, d'après Le Sueur, pour la même collection. Il reproduisit par la gravure en 1812 plusieurs tableaux de son compatriote Loutherbourg, tels que le *Passage du gué* et le *Repos champêtre*, dont les originaux appartiennent à M. Simonis.

Ch. Guérin a fait un grand nombre de portraits: celui de son père, celui du cardinal Louis-Constantin de Rohan, gravé en 1776, qui se trouve en tête de l'*Histoire de l'église de Strasbourg* de Grandidier, celui de Richter, maître de chapelle et celui de M. de la Galaizière, intendant d'Alsace, placé en tête de la thèse *De tortura*, soutenue pour la licence en droit par Levrault l'aîné; ceux du facteur d'orgues Jean-André Silbermann, de Jean Hermann, du préfet Lezay-Marnésia et de sa femme, du docteur J. Ristelhuber (1825, à l'âge de 40 ans), du maître-batelier Martin Stockmeyer, de Colmar. Guérin mourut subitement à Strasbourg le 27 septembre 1831, laissant de Marie Lienhard, qu'il avait épousée en 1790, deux fils, Gabriel et Jean. Gabriel a fait les portraits du maire Kentzinger, de l'horloger Schwilgué, du ministre Humann, du sculpteur Ohmacht, Jean ceux du général de Berckheim et du diplomate Schœll. Jean-Urbain, frère cadet de Christophe, devint un des plus célèbres miniaturistes de l'école française.

SOURCES : Gabet, *Dict. des artistes de l'école française*, P 1831. Charavay, *Les Guérin*, P. 1880. Portrait de J. D. Beyer, lith. par Engelmann.

ANT. MEYER, PHOTOG. COLMAR

DÉPOSÉ

SCHIMPER, Guillaume-Philippe

SCHIMPER, Guillaume-Philippe

ATURALISTE, né le 8 janvier 1808 à Dossenheim, canton de la Petite-Pierre et fils d'un pasteur protestant, commença ses études au collége de Bouxwiller et les poursuivit au gymnase de Strasbourg. D'abord vicaire de son père à Offwiller, puis précepteur dans une famille industrielle du Bærenthal, il s'associa avec le botaniste Bruch pour publier une monographie des mousses. En 1835 il fut nommé préparateur au musée d'histoire naturelle de Strasbourg et un peu plus tard conservateur des collections d'histoire naturelle et de la bibliothèque de la Faculté des sciences. En 1862 le ministre de l'instruction publique lui confia la chaire de géologie et de minéralogie, en remplacement de M. Daubrée, qui venait d'être appelé à Paris. Il avait subi l'épreuve du doctorat ès-sciences en 1848 avec une thèse intitulée : *Recherches morphologiques et anatomiques sur les mousses*, publiée dans les *Mémoires de la Société des sciences naturelles* de Strasbourg.

Pour recueillir ses mousses, Schimper était obligé de voyager beaucoup. Les Alpes attirèrent surtout l'infatigable chercheur. Il commença ses courses par le Tyrol et le pays de Salzbourg. Presque chaque année il y retournait, prenant un autre massif de la chaîne pour champ d'études. Dans les intervalles il fit des séjours en Espagne et en Italie, dans les Iles britanniques et les pays scandinaves. Chacun de ces voyages profita au

musée de Strasbourg. Celui-ci contient plusieurs
bouquetins qu'il a tués lui-même sur les ramifica-
tions du Mont-Blanc, dans la vallée d'Aoste, où il
a chassé avec Victor-Emmanuel. Un de ses amis,
Karl Vogt, a raconté sa rencontre avec Agassiz,
sur le glacier de l'Aar. On devisait autour du feu
et dans l'attente du souper, sur les signes du temps
probable, lorsque des voix entrecoupées d'un bruit
de bâtons et de souliers ferrés résonnant sur la
glace, annoncèrent des visiteurs. La toile de la
tente se souleva et l'on vit s'incliner un homme
de haute taille, suivi de quelques compagnons.
« M. Agassiz ? » demanda l'arrivant en se redres-
sant. « C'est moi, répondit Agassiz. A qui ai-je
l'honneur de parler ? » « Je m'appelle Schimper ! »
« Quoi notre *Moosvetter* (le cousin aux mousses)
de Strasbourg ! » s'exclama l'illustre glaciériste en
se jetant au cou de l'arrivant. « Lorsque nous allâmes
nous coucher, dit Vogt, il semblait que nous nous
fussions connus dès l'enfance. Le lendemain matin
Schimper fut le premier sur jambes. Dans la
journée le temps changea. Une violente tourmente
de neige chassa les hôtes de l'*Hôtel des Neuf-
châtelois* au Grimsel, où il fallut s'enfermer deux
jours. Tandis que ses amis séchaient des plantes,
Schimper demanda si on ne trouverait rien de
vivant dans le petit lac derrière l'Hospice. « Si,
lui répondit l'un, il y a des grenouilles, des sala-
mandres, des tritons et des larves. « Comment !
s'écria Schimper, et je resterais assis au coin du
feu sans penser à mon musée ! » Et il s'élança
dehors au milieu de la pluie battante pour revenir
au bout de quelques heures, souriant et trempé,
mais portant sur l'épaule une perche où pendaient
quelques douzaines de tritons. » En cherchant des
mousses dans les tourbières du Val de Travers,
Schimper avait rencontré une jeune fille passionnée

pour la botanique, elle s'appelait Adèle Besson, il l'épousa en 1849. L'aimable herboriste partagea ses labeurs scientifiques et l'aida dans la préparation du grand traité de paléontologie végétale, dont le premier volume parut la veille de la guerre de 1870. Après la conclusion du traité de Francfort le gouvernement français offrit à Schimper la chaire de paléontologie au Muséum du Jardin des plantes. Schimper refusa et les réorganisateurs de l'enseignement supérieur en Alsace l'ayant sollicité de conserver sa chaire, il accéda à leur prière. L'excès du travail avait beaucoup altéré sa santé. La perte de sa femme, morte en 1876, l'affecta profondément. L'air pur et vif des montagnes toutefois le ranimait. Malgré l'affaiblissement de ses forces, on lui voyait faire de longues courses d'herborisation. Quelle expansion alors! Quels transports de joie à la découverte d'une belle fleur, d'un fossile, d'une plante rare! On eut dit un écolier prenant ses ébats un jour de congé. Il devait se rendre en Provence où l'attendait son ami le comte Gaston de Saporta; quelques semaines plus tard il mourait sans avoir pu partir. Une maladie de cœur l'emporta le 20 mars 1880. Ses principaux ouvrages sont:

Bryologia Europæa, avec Bruch et Gümbel, Stuttgart 1836-56, 6 vol. in-4°; *Monographie des plantes fossiles du grès bigarré de la chaîne des Vosges*, avec Mougeot, Leipzig 1844 in-4°; *Icones morphologicæ muscorum*, 1860, in-4°; *Synopsis Muscorum Europæorum*, Stuttgart 1860, in-8°, 2ᵉ éd. 1876, 2 vol. in-8°. *Traité de paléontologie végétale*, Paris 1869-74, 3 v. in-8°; *Handbuch der Palæontologie*, avec Zittel, 1879, 2 vol. Dans l'*Institut : Poissons fossiles dans la molasse du Haut-Rhin. Crustacés dans le grès bigarré de Soultz-les-Bains*, 1839; dans la *Flora : Eine Excursion in die Berge bei Offweiler*,

1842, 11 pages; dans le *Courrier du Bas-Rhin,
Les principales révolutions du globe*, 1852; dans les
*Mémoires de la Société des sciences naturelles de
Strasbourg : Palæontologia alsatica*, 1853, 10 p.; *le
Terrain de transition des Vosges*, 1865, 483 p.,
avec K. Schlumberger; dans le *Courrier du Bas-
Rhin*, 7 nov. 1863, *Notice sur J. K. Schlumberger,
géologue*.

SOURCES : Notices de K. Vogt et de Ch. Grad.

Ignace CHAUFFOUR

CHAUFFOUR, Ignace

IL ST né à Colmar, le 13 janvier 1808; il appartenait à une de ces anciennes familles parlementaires qui étaient venues s'établir à Colmar vers la fin du 17ᵉ siècle, à l'époque où le Conseil souverain d'Alsace fut transféré dans cette ville.

Se destinant à la profession d'avocat, il fit ses études de droit à Strasbourg et les compléta à l'université de Heidelberg, puis vint prendre place au barreau de Colmar, aux côtés de son père, Antoine Chauffour, orateur et jurisconsulte distingué, qui devait être pour lui le meilleur des guides et des amis. Mais à peine au début de la carrière, il se vit frappé par la plus cruelle des épreuves; en 1832, à deux mois d'intervalle, il eut la douleur de perdre son père et sa mère et se trouva, dès sa 24ᵉ année, chef d'une nombreuse famille dont il était l'aîné et dont il allait devenir l'unique soutien. Cette tâche immense ne fut pas au-dessus de ses forces et c'est avec un inaltérable dévoûment qu'il s'acquitta de la sainte mission qu'il avait à remplir envers ses quatre frères et ses quatre sœurs.

Ses débuts au barreau furent étonnants et le classèrent d'emblée au nombre des maîtres; il avait été reçu avocat en 1829, et à un âge où d'autres essaient à peine leurs premiers pas dans cette carrière difficile, il eut occasion de révéler, dans un procès mémorable, les trésors de science juridique et historique qu'il avait accumulés grâce à de sé-

rieuses études. La ville de Strasbourg, qui plaidait
alors contre la ville de Barr et d'autres communes
du Bas-Rhin au sujet de la propriété des forêts
qui avaient autrefois fait partie de la seigneurie de
Barr, confia au jeune avocat le soin de défendre
ses intérêts. C'était là une de ces affaires où il
s'agissait non-seulement de la science du droit pro-
prement dit, mais encore d'une connaissance parfaite des coutumes et institutions de l'ancienne
Alsace et de toute l'histoire du passé de cette province. Ce que présupposait chez l'avocat chargé
de la soutenir cette cause si complexe, Ignace
Chauffour lui-même l'a indiqué lorsque, bien des
années plus tard, il écrivait: « Dans notre histoire
« juridique, on rencontre des *spécimens* des législa-
« tions les plus opposées : la mark germanique à
« côté du fief lombard, la vieille tradition allemande
« mêlée à des institutions romaines, l'autonomie
« primitive en face de la supériorité territoriale,...
« la coutume de Paris et le droit romain, les or-
« donnances de nos rois et les statuts des villes;
« en un mot, tous les temps, tous les régimes,
« toutes les formes les plus diverses, coexistant
« pêle-mêle, sans s'absorber et se confondre, sur
« les différents points d'un territoire peu étendu. [1] »

Grâce à une puissance de travail vraiment extraordinaire, à un esprit largement compréhensif,
à une mémoire prodigieuse, Chauffour était préparé aux tâches les plus ardues et se montra digne
de la confiance que lui avait témoignée la ville de
Strasbourg. Bien qu'il eût à lutter contre les maîtres
du barreau, il sortit victorieux de cette lutte, qui
est restée célèbre dans les annales judiciaires de
la province, et se plaça au premier rang. Dès lors
il n'y eut plus dans le ressort de la Cour une
cause importante qui ne vint aboutir à son cabinet;

[1] *Revue d'Alsace*. 1857, p. 379.

ses vastes connaissances, sa science profonde du droit, sa rare érudition, sa dialectique serrée et vigoureuse, son désintéressement, firent bientôt de lui le chef et la gloire du barreau de Colmar; il donna un nouvel éclat à un nom qui, déjà avant lui, était devenu au Palais le symbole héréditaire du talent et de la probité[1]. Sa réputation s'étendit bien au-delà des frontières de sa province natale et lui créa des relations précieuses avec les plus éminents de ses contemporains, parmi lesquels il suffira de citer Berryer, Dufaure, Jules Favre, Ch. Giraud, Bethmont, Montalembert.

Quand éclata la révolution de février 1848, elle fut une surprise pour Ignace Chauffour comme pour tout le monde; mais elle répondait à ses aspirations et il espérait y voir la réalisation de ses idées de progrès et de ses principes démocratiques. Il était fermement et sincèrement républicain; il voulait la république, mais il la voulait « honnête, généreuse, protectrice de l'ordre, de la « famille, de la propriété, juste, équitable envers « tous[2]. »

Dès le 26 février, par arrêté du ministère de l'intérieur, il fut nommé commissaire du gouvernement près l'Administration du Haut-Rhin. Dans l'exercice de ces fonctions, si importantes et parfois si redoutables dans les moments de trouble, il ne se signala que par sa modération; non-seulement, grâce à l'autorité morale dont il jouissait, il empêcha bien des excès, mais il ne destitua pas un seul fonctionnaire et s'appliqua de toutes ses forces à combattre toute pensée d'exclusion, tout germe de division. Fidèle à ses convictions, il donna, à ce moment même, une nouvelle preuve

---

[1] Pillot et de Neyremand. *Histoire du Conseil souverain d'Alsace*, p. 537.

[2] *Aux électeurs du Haut-Rhin*, p. 15.

de son désintéressement en refusant le poste de procureur général auquel il avait été appelé par arrêté ministériel du 6 mars, de même que sous le règne de Louis-Philippe, il avait refusé la croix de la Légion d'honneur.

Elu le 23 avril par plus de 60,000 suffrages, il alla prendre place à l'Assemblée nationale, et là encore ses votes furent l'expression fidèle de ses principes et de ses sentiments, tels qu'il les a exposés lui-même dans l'écrit qu'il a adressé le 6 septembre 1848 aux électeurs du Haut-Rhin en réponse aux attaques imméritées dont il avait été l'objet. Ce qu'il voulait c'était « apaiser les an- « ciennes divisions en répudiant les souvenirs du « passé et en n'excluant personne, apaiser les in- « térêts en assurant une répartition de plus en plus « équitable des charges et des avantages de la « Société, apaiser les besoins et les passions des « masses en les dirigeant par l'action des institu- « tions et des lois à un degré de plus en plus élevé « de moralité, d'instruction et de bien-être[1]. »

En un mot, c'était la réconciliation de toutes les classes, de tous les intérêts, de tous les partis, dans un dévoûment commun pour la patrie[2].

Ignace Chauffour était un esprit trop droit et trop indépendant pour devenir jamais un homme de parti. Il se lassa bientôt des agitations tumultueuses et trop souvent stériles et de l'activité bruyante de la vie parlementaire, qui ne convenaient ni à ses habitudes, ni à son caractère; il donna le 21 novembre 1848 sa démission de membre de l'Assemblée constituante et revint prendre auprès de ses sœurs la tâche de père de famille à laquelle il s'était pieusement consacré. Il ne sortit plus de sa retraite que pour aller, en

---

[1] *Aux électeurs du Haut-Rhin*, p. 14.
[2] *Ibid.*, p. 2 et 4.

novembre 1849, défendre devant la Cour d'assises de Besançon, un ami impliqué dans les poursuites que le procureur général de la Cour de Colmar, à la suite de l'échauffourée qui avait eu lieu à Paris le 13 juin de cette même année, avait ordonnées contre plusieurs citoyens du département du Haut-Rhin accusés d'avoir organisé un complot ayant pour but de changer la forme du gouvernement.

Le journal *le Rhin* nous a conservé la plaidoirie d'Ignace Chauffour, qui produisit une profonde impression et à la suite de laquelle tous les accusés furent acquittés.

Les événements de l'année 1870 devaient mettre encore à l'épreuve le dévoûment d'Ig. Chauffour à son pays. La confiance de ses concitoyens le désigna pour faire partie de la délégation qui dut aller à Berlin discuter les graves questions que soulevait l'annexion de l'Alsace, tant au point de vue des intérêts matériels de toute nature que de la situation qui serait faite à cette province dans le nouvel Empire d'Allemagne.

Durant cette période d'ébranlement, où tant de devoirs et de sentiments divers se trouvaient en conflit, Chauffour fut profondément affecté en voyant le déchirement douloureux, mais malheureusement inévitable, qui se produisait dans les provinces annexées; il eût voulu adoucir ce déchirement cruel, il eût voulu l'empêcher. La tâche était impossible, il y échoua, mais sans compromettre en aucune façon l'intégrité patriotique d'une vie noblement remplie[1]. Quant à lui, il ne put se résoudre à quitter l'Alsace; il y était retenu non-seulement par l'amour qu'il lui portait, mais aussi par l'affection qui l'unissait à ses sœurs et l'attachait au foyer domestique par des liens sacrés

___

[1] E. Scinguerlet. La mort d'Ignace Chauffour, *Revue alsacienne*, 3e année, p. 88.

dont aucun événement humain n'eût pu briser la puissance.

Ayant renoncé au barreau depuis 1870 et rentré dans la vie privée, I. Chauffour put se livrer sans réserve à ses goûts pour l'étude et la lecture. Entouré de ses chers livres, il puisait à loisir dans les rayons de sa vaste bibliothèque, riche en ouvrages précieux, amassés depuis deux siècles par ses parents et auxquels il avait ajouté tout ce que l'histoire, la science du droit, la littérature, la philosophie produisaient d'œuvres intéressantes. Mais c'est surtout à l'histoire de sa province natale qu'il avait voué un véritable culte; il recueillait avec un zèle infatigable tout ce qui se rattachait au passé de l'Alsace et il était arrivé à former ainsi une collection considérable d'*Alsatiques* qui, conformément aux intentions qu'il avait manifestées, a été généreusement abandonnée par ses frères à la ville de Colmar, ainsi que le surplus de sa bibliothèque et les nombreux dessins et gravures qu'il avait collectionnés.

Ses dernières années, attristées par les vides qu'avaient faits autour de lui la mort et le départ de plusieurs de ses meilleurs amis, furent néanmoins adoucies par les soins et la tendresse dont l'entouraient ses sœurs et ses frères. Jusqu'au dernier moment il conserva cette intelligence hors ligne, ce goût des choses de l'esprit, cette simplicité d'habitudes, cette aménité de caractère qui lui conciliaient l'estime et le respect de tous ceux qui l'approchaient. Sa bienfaisance était extrême et il montra toujours la plus charitable sympathie pour les souffrances des classes déshéritées. Chez lui, les convictions sincèrement chrétiennes s'alliaient à la tolérance la plus large. « Si les religions, a-t-il « dit, ont leurs dogmes, la société civile a les siens, « et le plus saint de tous, puisqu'il est fondé sur

« la base chrétienne de la fraternité humaine, est
« celui qui assure à tous les cultes la même pro-
« tection et qui proclame l'égalité de tous les ci-
« toyens dans le même droit[1]. »

Membre du Conseil municipal de Colmar de
1843 à 1878, il eut plus d'une fois l'occasion de
mettre au service de sa ville natale sa vaste érudition et sa connaissance profonde du droit et de
l'histoire.

Il fut l'un des fondateurs de la Société pour la
conservation des monuments historiques d'Alsace;
il était, à Colmar, président de la Société du Musée
Schœngauer dont les membres n'oublieront pas le
vif intérêt qu'il a toujours porté à sa prospérité.
Il fut également membre de plusieurs autres sociétés, notamment de la Société de l'histoire de
France dès sa fondation, de la Société des anti-
quaires de France, de la Société de l'Orient latin,
et lorsqu'en 1875, la Société industrielle de Mulhouse, sous la féconde impulsion de M. Engel-
Dollfus, entreprit de donner un plus grand développement à sa section historique et archéologique,
elle se hâta d'appeler Ignace Chauffour dans son
sein.

L'année 1879 devait marquer la fin de cette
carrière si utilement remplie et consacrée toute
entière à l'accomplissement du devoir et à la pratique des vertus de famille. Le 6 décembre Ignace
Chauffour fut enlevé à l'affection des siens. Il a
peu écrit, et il est éminement regrettable que les
nombreuses occupations que lui imposait l'exercice
de sa profession, ne lui aient pas laissé le loisir
de le faire. Il ne reste de lui que des mémoires
et dissertations relatifs à des procès qu'il a plaidés
ou à l'occasion desquels il a été consulté, et des
comptes-rendus de diverses publications concer-

[1] *Rapport au Conseil municipal sur les écoles.* Octobre 1874.

nant l'Alsace; mais sa mémoire vivra dans le souvenir de ses concitoyens et dans le cœur de ceux qui ont eu le bonheur de compter au nombre de ses amis.

Parmi les mémoires imprimés d'Ignace Chauffour, les plus importants sont ceux pour la ville de Strasbourg contre les communes de Barr, Heiligenstein et autres (1836), pour le comte de Sickingen-Hohenbourg contre l'Etat (1836), pour le Préfet du Haut-Rhin contre les héritiers d'Herwart (1847), pour le Séminaire protestant de Strasbourg au sujet de la fondation de Saint-Thomas (1855, 1856, 1857), les notes et documents sur la cause liée entre la ville de Munster et diverses communes du val de Saint-Grégoire (1836), les Observations sur la contestation liée entre les villes de Colmar et de Turckheim touchant la propriété du canal du Logelbach (1838), la réponse pour MM. Nicolas Schlumberger et Cie au mémoire à consulter de M. J. Kiener fils (1864), le mémoire pour la ville de Munster contre M. J. Ruhland (1858), la note sur l'appel émis par la ville de Colmar pour le maintien de ses droits sur le canal du Logelbach (1875), etc.

Dans la *Revue d'Alsace* Ignace Chauffour a publié des notices bibliographiques sur Trouillat, *Monuments de l'évêché de Bâle* (années 1853-1856); sur C. Schmidt, *La vie et les travaux de Jean Sturm* (année 1855); sur Heitz, *Das Zunftwesen* (année 1856); sur Véron-Réville, *Essai sur les juridictions de l'Alsace* (1857); sur Gérard, *Les artistes de l'Alsace au moyen âge* (1873).

Il existe encore de lui un mémoire au conseil de discipline de l'ordre des avocats (affaire Chassan, 1839), une proposition au Conseil municipal sur l'organisation d'un service de charité (1843), un traité du droit de vue en Alsace, un rapport sur les usages locaux constatés dans le département du Haut-Rhin (1856), plusieurs dissertations sur les cours colongères (1866), des rapports au Conseil municipal sur la police (1875) et sur le maintien de la Cour d'appel à Colmar (1877), une lettre aux électeurs du Haut-Rhin (1848) et les rapports sur la Société du musée Schœngauer pour les années 1868, 1869, 1870, 1873, 1874, 1875.

SOURCE : I. Chauffour. *Souvenirs d'un ami* (l'abbé Merklen). Colmar, imp. Jung, 1880, in-16. — Journaux divers.

GUÉRIN, Jean-Urbain

GUÉRIN, Jean-Urbain

INIATURISTE, naquit à la monnaie de Strasbourg le 1ᵉʳ avril 1761 et eut pour maître
Huin, qui était renommé pour ses portraits
au pastel. Ses premiers essais furent remarqués par le maréchal de Contades, gouverneur
d'Alsace, qui envoya le jeune artiste à Paris au
mois d'octobre 1785. Guérin eut le bonheur d'y
rencontrer des compatriotes qui lui firent bon accueil, entre autres le baron de Dietrich. La miniature avait été mise à la mode par la famille royale
et son entourage. Augustin, qui excellait dans ce
genre, eut bientôt un rival dans la personne de
Jean Guérin. Le charmant portrait qu'il fit de la
maréchale de Matignon, fille du baron de Breteuil,
lui acquit une grande vogue parmi tout ce que la
cour et la ville avaient de plus haut placé. La reine
s'intéressa à son tour au jeune artiste, elle se fit
peindre par lui, ainsi que le roi. Dès lors Guérin
devint le miniaturiste à la mode.

Il avait pour ami intime Gabriel Fiesinger, graveur, né à Offenbourg, qui conçut l'idée de faire
concurrence à l'éditeur Jabin en publiant une série
de portraits des membres de l'assemblée nationale.
Guérin se chargea de faire leurs croquis, c'est ainsi
qu'il dessina les portraits du duc d'Orléans, de
Mirabeau, d'Anisson-Duperron, de Rabaut-Saint-
Etienne.

Après la journée du 10 août Guérin comprit
qu'il ne pouvait rester à Paris sans courir de
grands dangers. Il se réfugia à Strasbourg chez
son père et y fit la connaissance de Desaix. Le

maire Monnet ayant reçu l'ordre de le faire arrêter, Desaix lui sauva la vie en lui faisant endosser un uniforme de soldat et en le prenant avec lui aux avant-postes. Puis il l'aida à gagner le château d'Ittenwiller qui appartenait à la famille Levrault. Guérin y resta caché jusqu'à la fin de la Terreur. Après le 9 thermidor il retourna à Paris, où grâce à ses relations avec plusieurs généraux, il ne fut pas inquiété par le Directoire. Mais comme tous ses protecteurs qui avaient appartenu à l'ancien régime avaient péri sur l'échafaud ou s'étaient réfugiés à l'étranger, Guérin fut obligé de se créer une nouvelle réputation et de chercher des clients dans la société nouvelle. Il fit le portrait en miniature de son ami Kléber, portrait qui excita l'admiration de Bonaparte. C'est d'après cette œuvre qu'ont été faits tous les portraits du général. Fiesinger, qui était revenu d'Angleterre, s'associa en 1798 avec Guérin pour la publication d'une collection de portraits des généraux de la République. Bonaparte, Kléber, Bernadotte et Lefèbvre figurèrent les premiers dans cette galerie. Tous leurs autres compagnons d'armes tinrent à honneur de poser devant Guérin.

Au salon de 1810 Guérin exposa le portrait du colonel baron Lejeune, depuis général; à celui de 1812, une grande miniature sur vélin de l'Empereur. Cependant l'Empire tomba et le salon qui s'ouvrit le 1ᵉʳ novembre 1814 témoigna du changement de gouvernement. Guérin qui n'avait pas eu de position officielle sous l'Empire et que ses sympathies rattachaient aux Bourbons, exposa un cadre de miniatures. En 1817 ce fut un portrait du lieutenant-général Damas. Guérin figura aussi aux salons de 1822, de 1824 et de 1827. Dès lors il vécut dans la retraite. Il avait refusé les plus brillantes offres de Bernadotte, devenu roi de

Suède, qui voulait l'attirer à sa cour, il préférait
à toute cette splendeur une vie calme et les douceurs de l'amitié. A la chute des Bourbons il se
retira à Obernai dans la famille qui lui avait offert
l'hospitalité à l'époque orageuse de la Révolution;
c'est là qu'il mourut le 29 octobre 1836, à l'âge
de 75 ans laissant la réputation d'un des plus
habiles artistes en un genre qui déclinait de jour
en jour et que la découverte de la photographie a
presque complètement anéanti.   P. R.

SOURCES : Levrault, *Revue d'Alsace* 1836 ; l'*Intermédiaire
des chercheurs et curieux* 1874 ; A. Benoît, *Revue d'Alsace* 1880 ;
Charavay, les *Guérin*, 1880. — Portrait-miniature peint par lui-
même et conservé par son petit-neveu M. Jules Guérin.

Colonel CHARPENTIER

CHARPENTIER, Germain

AQUIT à Fort-Louis, le 9 avril 1771. Son père était entrepreneur breveté des fortifications de cette place où il jouissait à juste titre de la considération publique. Il avait deux fils qui venaient de terminer leurs études lorsque la Révolution ouvrit au tiers-état des carrières jusqu'alors réservées à la seule noblesse. L'émigration venait de réduire beaucoup les cadres d'officiers de l'armée et pour combler les vides une loi du 5 août 1791 avait décidé que la moitié des sous-lieutenances vacantes serait donnée à l'avancement des sous-officiers et l'autre moitié au concours entre des fils de citoyens actifs, espèce d'aristocratie formée des notables de chaque localité qui fut bientôt, comme la noblesse, vouée aux vengeances de la démocratie.

Les deux fils Charpentier entrèrent à ce titre au 8ᵉ régiment de chasseurs à cheval, qui en 1792 fit partie de l'armée du Rhin commandée par Custine, combattit ensuite à Valmy sous Kellermann et revint, après l'évacuation de la Champagne par l'armée prussienne, servir de nouveau à l'armée du Rhin sous les ordres de Desaix.

Le 1ᵉʳ mai 1793 Germain Charpentier fut blessé devant Mayence d'un coup de sabre à la tête au moment où Euloge Schneider faisait incarcérer son père sous prétexte de conspiration contre la république. Cette circonstance ne réussit pas à refroidir son zèle pour ses devoirs envers la patrie. La blessure de Charpentier était à peine fermée qu'il faillit être arrêté à son tour pour avoir exprimé son indignation de la condamnation de son colonel M. de Berruyer, ancien chevalier de St.-Louis qui, après la suppression de l'ordre, n'avait pas pu se décider à se séparer tout à fait de sa croix, qu'il gardait cachée au fond de sa malle et qui, dénoncé par un domestique infidèle aux commissaires Saint-Just et Lebas, périt sur l'échafaud.

Après la capitulation de Mayence, Charpentier fut envoyé en Vendée, mais il ne tarda pas à obtenir de quitter cette province pour être attaché à l'état-major du général Bourcier. Le 8ᵉ chasseurs ayant repris son rang à l'armée du Rhin, il prit avec lui part à la bataille de Zurich. Nommé chef d'escadron, il fit la campagne de Hohenlinden et fut présent aux batailles d'Ulm et d'Austerlitz. Promu en 1806 au grade de colonel du 3ᵉ régiment de chasseurs, il fit la campagne d'Iéna, se signala à Friedland et après la paix fut nommé baron de l'Empire. Sa baronnie était en Westphalie et il aimait à conter que la dotation se composait en partie de rentes en œufs de poules. La dotation impériale s'en alla comme tant d'autres avec l'Empire.

La campagne de 1809 devait clore la carrière militaire du colonel. Le 21 mai, à la bataille d'Essling, il reçut à la main deux coups de feu qui nécessitèrent une amputation. Il quitta le service au moment où il allait être nommé général et ne tarda pas à s'allier par un mariage à une des familles les plus distinguées de Strasbourg.

La seconde partie de la vie du colonel Charpentier s'est écoulée en des occupations bien différentes de celles de sa jeunesse. Devenu veuf après quelques années de mariage, il se livra à toute l'activité des travaux agricoles. Il transforma en bonnes terres arables une partie des landes et des marécages qui avoisinaient Haguenau et la belle métairie du Risbühl s'éleva bientôt sur un sol qui ne portait auparavant que des bruyères et des ronces. Il fut un des premiers en Alsace qui entreprirent sur une grande échelle la culture du houblon. Vers 1834 il se voua avec un zèle infatigable au désséchement des marais de l'île des Epis et des abords de la citadelle de Strasbourg. Sa pétition au conseil municipal et son mémoire adressé à la direction du génie, sont des monuments de ce zèle philanthropique. La culture des acacias était une de celles qu'il se plaisait à recommander. Il y voyait une ressource contre le déboisement croissant des montagnes et il avait calculé que, planté dans un terrain propice, bien espacé et coupé sans trop de hâte, cet arbre devait rendre d'excellents services. Sur la fin de ses jours il se retira à l'établissement de la Toussaint à Strasbourg, où il mourut le 11 décembre 1861.

Son fils, Achille Charpentier eut à soigner, le soir de la bataille de Frœschwiller, deux cents blessés; pour ce fait, sur la proposition du maréchal de Mac-Mahon, il fut décoré par le président de la République. Son petit-fils, Florent, est membre de la délégation d'Alsace-Lorraine et fait autorité dans la question chevaline.   P. R.

Voy. Levrault, *Le col. Charpentier*, Strasbg., Huder, 1861.

DOLLFUS-AUSSET, Daniel

DOLLFUS-AUSSET, Daniel

PPARTIENT à cette grande famille des Dollfus qui a donné à l'industrie alsacienne
tant d'hommes distingués. Son frère Jean,
actuellement député au Reichstag, a été
le promoteur de l'œuvre des cités ouvrières, tandis
que son frère Emile, ancien représentant de Mulhouse à la Chambre des députés en France, a été
longtemps président de la Société industrielle. Né
à Paris, le 15 avril 1797, il fit son éducation en
Suisse, à l'école cantonale d'Aarau, pour étudier
plus tard la chimie et la physique sous la direction
de M. Chevreul à Paris, alors que ce grand maître
préludait à ses recherches sur les couleurs. Il avait
à peine atteint sa dix-neuvième année, lorsque son
père malade le rappela en Alsace, afin de prendre
la direction d'une fabrique de toiles peintes. C'était
entrer bien jeune dans les affaires, avec une éducation industrielle encore incomplète. Néanmoins le
jeune chimiste se mit à l'œuvre énergiquement,
mais avec la résolution bien arrêtée de continuer ses
recherches scientifiques à côté de ses occupations
professionnelles. Une part notable des perfectionne-
ments introduits dans l'industrie de l'impression sur
étoffes lui revient, car à côté des procédés de
fabrication connus, il ne cessa jamais de poursuivre
les études théoriques.

Parmi les procédés industriels nouveaux, introduits à partir de 1820 par Daniel Dollfus, il faut
rappeler notamment l'emploi du lait de chaux dans
le blanchiment des tissus de coton, puis l'application du prussiate de potasse à l'impression au

moyen de la vapeur, introduction de la vapeur dans les opérations du lessivage et de la teinture. Plus tard encore, il établit un étendage à oxyder, afin de déterminer les meilleures conditions pour la fixation des mordants. En même temps, l'influence des phénomènes physiques, du froid et du soleil, de l'humidité, des nuages et de la rosée sur la fabrication des toiles peintes, fut déterminée par ses soins. Ni l'Angleterre, ni la France, aucun autre pays industriel ne rivalise avec l'Alsace pour cette branche d'industrie. Grâce à l'institution de la Société industrielle de Mulhouse, dont Daniel Dollfus fut un des créateurs, institution sous les auspices de laquelle tant de découvertes utiles ont été suscitées et encouragées, les produits de choix des fabriques d'impression alsaciennes conservent le premier rang sur les marchés du monde entier.

En 1840, à l'occasion d'un voyage aux Alpes, Daniel Dollfus rencontra sur le glacier de l'Aar quelques naturalistes, Agassiz et ses amis Desor et Guyot, qui préludaient à leurs belles études sur les phénomènes glaciaires. Le manufacturier mulhousien se prit d'enthousiasme pour ces recherches. Pour les faciliter il construisit à ses frais le fameux Pavillon de l'Aar, afin d'en faire le rendez-vous des savants qui s'occupaient de l'exploration des Alpes. Chaque été on y vint de France, d'Angleterre et d'Allemagne, pendant une vingtaine d'années. Naturellement le maître de la maison, comme un autre Mécène, offrait l'hospitalité et faisait aussi les frais des expériences et des investigations poursuivies par les naturalistes accueillis sous son toit. Les observations qui y ont été faites sur la constitution et le mouvement des glaciers sont devenues classiques. Ni dépenses, ni fatigues ne coûtaient à Daniel Dollfus pour favoriser ces recherches. Son attention se porta particulièrement sur la détermi-

nation des causes physiques de la formation, de
l'accroissement et du mouvement des glaciers. De
là une longue série d'observations régulières con-
tinuées au col de Saint-Théodule, sur le flanc du
Monte Rosa, après avoir été commencées d'abord
au Grimsel et sur le glacier de l'Aar. Dans l'intervalle de ces séjours sur les glaciers des Alpes, de
nombreux voyages ont conduit notre manufacturier
naturaliste dans la plupart des pays d'Europe,
pour constater et reconnaître les traces d'anciens
glaciers disparus. Associé à ses travaux, lors de
nos premiers pas dans la science, nous l'avons vu
parcourir ainsi tantôt l'Espagne et les Pyrénées
avec Schimper, tantôt l'Italie et l'Angleterre avec
Edouard Collomb et Henri Hogard, tantôt la
Forêt-Noire et les Vosges avec Karl Vogt et
notre regretté Kirschleger.

L'histoire naturelle pourtant n'a occupé chez
Daniel Dollfus que les loisirs laissés par l'industrie
et le travail dans le laboratoire de la maison
Dollfus-Mieg à Dornach. Combien ces loisirs ont
été féconds! Avec cet homme énergique, infatigable, dont les heures de délassement n'étaient
qu'un changement de travail, la science a profité
autant qu'avec d'autres dont l'étude est l'occupation
unique. Comme pour Joseph Kœchlin-Schlum-
berger, son contemporain et son ami, la fortune
acquise dans l'industrie a été pour Daniel Dollfus
un moyen de cultiver la science avec plus de succès,
en favorisant d'ailleurs par ses libéralités les investigations de chercheurs dépourvus d'argent. Quoique chargé d'une famille nombreuse, ce fut toujours
pour lui un bonheur et un plaisir de consacrer aux
sciences naturelles une partie de sa fortune. Après
avoir dépensé des sommes considérables pour ses
études personnelles, après avoir doté la Société
industrielle de Mulhouse et la Société géologique

de France, il se préparait encore à construire un observatoire près du sommet du Mont-Blanc, lorsque la mort le surprit, le 31 juillet 1870, dans sa villa de Riedisheim. Il était fils de Daniel Dollfus et d'Anne-Marie Mieg. Il avait épousé, le 29 janvier 1820, Caroline Ausset dont il eut seize enfants. Son principal ouvrage est: *Matériaux pour l'étude des glaciers*, Str. et Paris 1863 à 1872, en 13 vol. gr. in-8°, plus 1 vol. suppl., 1 vol. (explication des planches) et 1 atlas de 40 pl., fol. noires ou impr. en couleur. CH. GRAD.

SOURCES: Weber, *Notice*, Mulh. Bader, 1871, in-8°, (*Bull. Soc. ind. Mulh.* XLI, p. 34). — Etzel, F. v., Daniel Dollfus (*Aus dem Reichslande* p. 162 180). — Grad, *Notice* (*Bull. Soc. géol. de France*, 4 avril 1872 et *Bull. de la Soc. d'hist. nat de Colmar*).

ANT. MEYER, PHOTOG. COLMAR   DÉPOSÉ

NEFFTZER, Auguste

NEFFTZER, Auguste

EST né à Colmar, le 4 février 1820, dans une maison du bas de la rue des Marchands. Ses parents étaient de condition modeste. Le père, Jean-Georges, venait d'un petit village de la plaine de Colmar; il avait été ruiné par les années 1816-1817, si désastreuses pour l'agriculture. La mère, Sara L'Huillier, était de la vallée de Sainte-Marie-aux-Mines.

Nefftzer étudia la théologie à la faculté protestante de Strasbourg, mais ne passa pas ses grands examens et ne soutint pas sa thèse. Ces études eurent pourtant une grande influence sur son esprit. C'est là qu'il puisa le goût tout ensemble pour la liberté des recherches et pour la sévérité des méthodes, pour les travaux historiques les plus précis et pour les spéculations philosophiques les plus élevées.

Quant il vint à Paris en 1844, il devint bientôt le collaborateur d'Emile de Girardin, qui dirigeait la *Presse*. Nefftzer fut le rédacteur principal, puis bientôt le directeur effectif de ce journal. C'est en qualité de gérant de la *Presse*, qu'en 1851 Nefftzer fut condamné à une année de prison pour avoir donné en tête des colonnes du journal, comme étant le message impatiemment attendu du président de la République, une suite d'extraits, d'un caractère démocratique très prononcé, des *Oeuvres* du prince Louis-Napoléon. Cette compilation audacieuse était l'œuvre de Girardin, qui ne s'en déclara pas l'auteur.

Les bulletins politiques que Nefftzer commença

après le coup d'Etat sont restés des modèles du genre. Il y traitait les questions de politique étrangère avec une supériorité qu'on n'a pas encore oubliée. En dehors de ces bulletins, Nefftzer donnait encore à la *Presse* des articles philosophiques, dans lesquels il traitait de préférence les questions religieuses.

En 1858, il fonda, de concert avec Charles Dollfus, la *Revue germanique*, devenue plus tard la *Revue moderne*, où il inséra surtout des travaux d'histoire et de critique religieuses. C'est également en collaboration avec M. Charles Dollfus qu'il traduisit la *Nouvelle vie de Jésus* du docteur Strauss, qu'il ne faut pas confondre avec la célèbre *Vie de Jésus* publiée par le même auteur en 1832 et qui fut traduite par Littré. La *Nouvelle vie de Jésus*, traduite par Nefftzer et Dollfus est un ouvrage plus populaire. La deuxième édition de cette traduction, seule autorisée, parut en 1865.

Au mois de janvier 1861, Nefftzer quitta la *Presse* pour fonder lui-même un nouveau journal politique, le *Temps*, qui fut l'œuvre capitale de sa vie. La création du *Temps* date du 21 avril 1861. Nefftzer obtint la collaboration presque immédiate de tous les esprits indépendants, parmi lesquels, pour ne parler que des collaborateurs politiques, il est curieux de citer MM. Edmond Scherer et Adrien Hébrard, qui continuent son œuvre ; Challemel-Lacour, Louis Blanc, Jules Ferry, Henri Brisson, Lanfrey, Charles Floquet, Clément Duvernois, Edouard Hervé, etc., etc., qui sont devenus célèbres à divers titres.

A partir de 1861, l'histoire de Nefftzer est celle de son journal. On connaît la bienfaisante influence que le *Temps* a exercée dans le sens libéral sur la classe bourgeoise de notre époque, qui lui doit son éducation politique. Nefftzer avait compris que le premier but à atteindre était de réconcilier les classes moyennes avec la liberté. Il était passé maître dans l'art de tout dire, alors qu'il était défendu de parler. Le *Temps* put traverser les périodes de combat de l'Empire sans subir d'autre répression qu'un premier avertissement qui lui fut infligé à la suite d'un article de M. Scherer, inséré le 14 janvier 1863 et qui critiquait le discours de la couronne prononcé à l'ouverture du Corps Législatif. L'avertissement prétendait que cet article avait « dénaturé le sens du discours de l'empereur » et « calomnié la politique intérieure et extérieure de la France ». On voit que Nefftzer n'a pas eu de bonheur avec les discours de Napoléon III. Un deuxième avertissement fut infligé au *Temps* à raison d'un article sur l'Algérie de Clément Duvernois, le futur ministre de l'empereur. Ce même collaborateur faillit amener une rencontre entre Nefftzer et Grandguillot, directeur du journal le *Pays*, mais au dernier moment l'affaire fut arrangée.

Nefftzer avait fini par se faire une place tout à fait à part dans la presse parisienne. Personne ne jouissait d'autant d'autorité, et cette autorité il la devait à la fois à la probité de son caractère, à la fermeté de son talent, à la sagacité et à la sûreté de son jugement. Sous ce dernier rapport, il était incomparable. Il faut l'avoir vu aux prises avec les circonstances les plus critiques, avoir assisté, pour ainsi dire, à l'élaboration de sa pensée, avoir senti sa pénétration, son tact s'élever à la hauteur de toutes les difficultés, il faut avoir éprouvé comment il trouvait en toute rencontre la pensée juste et le mot vrai, il faut, en un mot, l'avoir connu, pour se rendre compte de ce que valait Nefftzer comme homme politique. La presse quotidienne a eu de plus brillants journalistes que lui, elle n'en a pas eu de plus éminents dans les parties vraiment su-

périeures de cette profession. Aucun politique
contemporain n'a oublié les irréfutables arguments
qu'il fit valoir contre la folle expédition du Mexique,
contre la politique impériale lors de l'affaire des
duchés, de Sadowa, du plébiscite et à la veille de
la déclaration de guerre de 1870.

Cette dernière lutte contre l'imbécillité impériale,
contre le sentiment d'un peuple trompé, restera le
grand honneur de la vie de Nefftzer. Au lendemain
de Sadowa, il avait dit à un ami : « Avant cinq années
« d'ici les Allemands seront maîtres de Strasbourg
« et nous serons exilés dans notre propre patrie. »
On comprend quelle énergie il déploya pour
épargner à la France une déclaration de guerre
qu'il jugeait criminelle. Seul dans la presse il
écrivit ce que Thiers redisait à la tribune. Malgré
toutes les accusations d'une presse servile ou affolée, il ne se laissa pas intimider et il recommença
chaque jour à écrire contre cette guerre. Mais
quand elle fut déclarée il sut taire ses angoisses.

La mort presque subite d'un fils âgé de dix-sept
ans, avait porté, en 1865, un coup terrible au cœur
de Nefftzer. La guerre de 1870 lui en porta un
second, non moins poignant peut-être. Son Alsace
chérie, sa patrie dans la patrie, lui était ravie par
la conquête. Il ne s'en consola pas. La politique
perdit pour lui son intérêt. Paris même, cette ville
dont il était l'une des physionomies originales,
Paris ne put le retenir. En 1873, il chercha une
retraite à Bâle, à proximité de la France et de la
terre natale ; mais sa santé était atteinte dans les
sources. Il succomba à une affection du cœur, le
dimanche 20 août 1876, à neuf heures du soir.
Ses obsèques donnèrent lieu à une imposante manifestation : c'est qu'il était apprécié non seulement
de ses amis, mais de tous ceux qui suivent le
mouvement des idées en France.

ANT. MEYER, PHOTOG. COLMAR

DÉPOSÉ

BUSER, Martin

BUCER, MARTIN

AQUIT à Schlestadt le jour de la Saint-Martin
(11 novembre) 1491 [1]. Son père Nicolas,
pauvre baquetier, ne pouvant pourvoir à
l'éducation d'un enfant qui dès ses plus
tendres années montrait les plus heureuses dispositions pour l'étude, le confia aux soins de son aïeul
et alla s'établir à Strasbourg. Celui-ci, bientôt ne
pouvant plus lui-même continuer les sacrifices qu'il
s'était imposés, abandonna le jeune homme aux
Dominicains, heureux de recueillir un disciple qui
donnait de si belles espérances. Il entra chez
ces religieux en 1506. L'austérité du cloître ne
pouvait convenir à son caractère. Cependant les
Dominicains avaient fondé sur le néophyte l'espoir
de leur ordre. Ils l'envoyèrent à Heidelberg pour
y apprendre la rhétorique, la philosophie et la
théologie. L'Allemagne était alors inondée des
ouvrages dus à la plume facile d'Erasme et des
opuscules de M. Luther. Bucer les lut avec avi-
dité. A ses yeux s'ouvrait un monde nouveau dont
le charme rendait plus sombre la vie du cloître.
Dans son cœur de jeune homme descendirent des

---

[1] Son père écrivait : *Butzer,* ainsi que lui-même le fit dans
certains de ses livres et dans des lettres en allemand. Dans le
Commentaire sur les psaumes et dans plusieurs lettres à des
communautés italiennes, Bucer traduisit son nom par Aretius
Felinus (Martin, Mars, *Ares ; Felinus* de *felis,* chat, parce que le
chat a l'habitude de se nettoyer, *piltzen*). *Emunctor* est une autre
traduction. Bien que dans une lettre à Hector Lang il se nomme
Boukeros, le nom de famille *Kuhhorn (corne de vache)* ne serait,
d'après Rœhrich, qu'une fantaisie étymologique de certains
savants.

doutes qui relâchèrent les liens qui l'unissaient à ses protecteurs. Quand Luther vint le voir à Heidelberg, Bucer était déjà tout à lui.

Nommé prédicateur de la cour de l'électeur Frédéric, Bucer accompagna ce prince dans un voyage qu'il entreprit dans les Pays-Bas. Comme l'électeur ne s'était pas encore prononcé pour la réforme, il renonça à sa place et se réfugia chez Franz de Sickingen, au château d'Ebernbourg. Ce fut vers cette époque que, rompant entièrement avec Rome, il épousa une nonne qui avait abandonné son couvent et qui s'appelait Elisabeth Pallass.

La guerre ayant éclaté au mois de novembre 1522 entre Sickingen et l'électeur de Trèves, Bucer se rendit à Wissembourg, mais la défaite de Sickingen, la prise de Landstuhl par l'archevêque de Trèves et l'approche de l'armée victorieuse le déterminèrent à prendre la fuite en secret et à se retirer à Strasbourg avec le curé Motherer, qui l'avait appelé. Mathias Zell lui donna l'hospitalité et lui offrit sa chaire de la chapelle de Saint-Laurent à la cathédrale pour y faire des conférences sur la Bible. L'évêque demanda son bannissement, mais le magistrat prit Bucer sous sa protection et en 1524 il fut nommé pasteur à Sainte-Aurélie. A partir de ce moment son influence alla grandissant. Il assista aux conférences de Berne, au colloque de Marbourg. De retour en 1530, il fut nommé pasteur de Saint-Thomas avec un traitement de trois florins par semaine, comme il nous l'apprend dans son Epitre apologétique à Erasme.

Dès lors le triomphe des principes de la réforme était assuré à Strasbourg. Bucer et ses collègues sentirent qu'il était temps de mettre le culte d'accord avec la doctrine. Dans cette œuvre difficile ils montrèrent de la prudence en n'essayant pas d'opérer une réforme trop brusque, au risque de scandaliser les faibles et de provoquer des désordres. En 1548, appelé à Augsbourg par l'électeur de Brandebourg Joachim II pour signer l'*Intérim*, il s'y refusa et regagna Strasbourg, où il écrivit contre ce concordat. La résistance que les Luthériens opposèrent à cette transaction souleva contre eux à Strasbourg des poursuites qui décidèrent le départ de Bucer pour l'Angleterre. Il se mit en route le 5 avril 1549, accompagné de Fagius. Edouard II l'accueillit avec bonté et cette protection hâta le cours de ses succès. « On admirait, dit Melchior Adam, outre sa vaste érudition, la pureté de ses mœurs, sa sobriété, la modestie de son vêtement, sa tolérance et la patience qu'il opposait aux douleurs qui lui venaient de ses maladies. »

L'inclémence du climat de l'Angleterre précipita sa fin. Il mourut à Cambridge le 1er mars[1] 1551, âgé de 59 ans. Ses obsèques se célébrèrent avec une pompe extraordinaire. Elles attirèrent un concours de plus de 3000 personnes. Gualter Haddon prononça son oraison funèbre et Henri duc de Suffolk composa son épitaphe en latin.

Les restes de ce réformateur de la Grande-Bretagne furent déposés dans la grande église dédiée à la Vierge. Cinq ans plus tard, Marie Tudor le fit exhumer et, après un procès dans toutes les formes, on le brûla publiquement avec Fagius, mais en 1560 Elisabeth faisait rendre de nouveaux honneurs à leur mémoire.

Bucer eut de son mariage avec Elisabeth Pallass treize enfants, dont cinq moururent de la peste en 1541. Ayant perdu sa femme à la même époque, il épousa en 1542 Wibrandis Rosenblatt, veuve d'Œcolampade et de Capiton. De ses nom-

---

[1] *Kalendis Martii*, dit le portrait.

breux enfants, deux seulement paraissent lui avoir
survécu, une fille, Agnès, mariée à Jacques Meier,
pasteur de Bâle, et un fils, Nathanaël, né en 1529,
qui prit l'état de tanneur et s'y rendit si peu habile
qu'on lui donna la place de sacristain à l'église de
Saint-Pierre-le-Vieux. La liste des ouvrages de
Bucer est trop longue pour trouver place ici.

P. R.

SOURCES : Dorlan, *Notices sur Schlestadt*, 1843. — Baum,
Capito und Butzer, 1860. — Herzog, *Die romanischen Waldenser*.

Général de SCHAUENBURG, Maximilien-Joseph

SCHAUENBURG, Général de

MAXIMILIEN-JOSEPH

PPARTIENT à une ancienne famille noble d'Alsace dont le nom apparaît dans les documents du quatorzième siècle et qui a produit un nombre d'hommes distingués dans la carrière des armes. Il est né à Strasbourg, le 1er mai 1784, et mourut à Paris, le 19 septembre 1838. Son père Balthazard était chef d'état-major de Kellermann à la bataille de Valmy, et, chargé à ce titre du plan des opérations, il contribua puissamment au succès de la campagne. Un de ses frères, François-Joseph a été tué comme capitaine de grenadiers à la bataille de Heilsberg, livrée le 11 juin 1807 contre les Russes, âgé à peine de vingt-un ans. Son autre frère, Pierre-Rielle, ancien pair de France et président de la Société des monuments historiques, a également servi comme officier, avant d'être élu à la Chambre des députés et de devenir un des promoteurs de l'archéologie alsacienne, tout en s'occupant avec zèle des affaires publiques.

Pendant les campagnes de la Révolution, de 1791 à 1793, le général Balthazard de Schauenburg commanda en chef en Suisse et en Alsace. Arrêté pendant les mauvais jours de la Terreur, avec le général de Landremont et l'abbé Georgel, ancien grand-vicaire du cardinal de Rohan, il aurait péri sur l'échafaud, comme son compatriote Westermann, sans le courage et le dévouement de sa femme, Marie-Louise d'Ichtratzheim. Lors de la retraite de Moreau, il s'acquit une gloire bien méritée, par son mouvement à travers le Val d'Enfer et les défilés de la Forêt-Noire. Tandis que nos troupes se repliaient sur Huningue, harcelées sans relâche, mais combattant toujours, dans la matinée du 18 septembre 1796, Kehl fut surpris par les Autrichiens. Sans un acte de vigueur du général de Schauenburg, alors en tournée d'inspection à Strasbourg, et qui réunit à la hâte les ouvriers de l'arsenal et les gardes nationaux, pour les conduire au combat tambours battants, le pont de bateaux devant la ville et l'île des Epis seraient tombés aux mains de l'ennemi. Nommé baron de l'Empire par décret du 15 août 1810, il aurait obtenu le bâton de maréchal de France, sans son refus d'aller enlever à Ettenheim le malheureux duc d'Enghien, sur une invitation du premier consul Bonaparte.

Les traditions d'honneur se sont maintenues dans la famille de Schauenburg. Il s'en faut que le général Balthazard partageât les idées révolutionnaires. Pourtant, après la chute de la monarchie, il ne songea pas un instant à émigrer pour conspirer à l'étranger contre son pays. Soldat de la France, encore plus que du roi, il crut de son devoir de garder son rang dans l'armée pour défendre le territoire national contre n'importe quels agresseurs. Cette tâche ne fut pas toujours facile et exigeait avec une grande énergie une force d'abnégation plus grande encore. Dans son livre sur *Les Volontaires de 1791*, M. Camille Rousset nous montre le général de Schauenburg combattant l'invasion au mois d'août et de septembre 1793 sur les lignes de Wissembourg. Si chaque jour était signalé par des actions d'éclat souvent héroïques, le mérite en revient à la valeur des chefs, car les hommes et l'armement laissaient à désirer. On avait bien décrété la levée en masse, mais les

« troupes agricoles » appelées à la frontière dis-
paraissaient en majeure partie. Elles manquaient
d'armes aussi. Rendant compte le 13 septembre
au ministre de la guerre d'une visite aux portes
des lignes, le général de Schauenburg trouva les
diverses levées des cantons frontières très-inégales
en nombre et en espèces d'hommes, dont « presque
un tiers armés de fusils; le reste est muni de
longues perches au bout desquelles chacun a placé
le morceau de fer qu'il a cru le plus meurtrier. »

Elevé à Strasbourg, au milieu des bruits de la
guerre, Maximilien-Joseph de Schauenburg suivit
de bonne heure son père à l'armée, avec son frère
François-Joseph. Tous deux eurent de brillants
états de service pendant les campagnes de Napoléon. Tandis que le second périt à Heilsberg,
nous trouvons le premier cité à l'ordre du jour de
l'armée du Rhin par le général Rapp, qu'il avait
couvert de sa personne, lors du soulèvement sur-
venu dans l'armée le 2 septembre 1814 à Strasbourg pour obtenir des arriérés de solde. Il avait
alors le grade de chef d'escadron attaché à l'état-
major général. Les années de la Restauration se
passèrent pour lui sans incident. Lors des événements des Pays-Bas, il se trouvait en non-activité.
Un ordre du duc de Dalmatie l'appela à Bruxelles
pour l'organisation de la cavalerie à la date du
7 septembre 1831. Puis, l'année suivante, le ministre de la guerre le désigne pour diriger la formation et l'organisation du corps des chasseurs
d'Afrique, dont il commanda le premier régiment,
à la même époque où La Moricière créa le corps
des zouaves. Le portrait que nous publions avec
cette notice représente Maximilien de Schauenburg
en tenue de colonel de chasseurs d'Afrique, d'après
une aquarelle peinte en Algérie. En 1838, quelque temps avant d'être enlevé par une mort pré-

maturée, il fut promu au grade de maréchal de camp, avec le commandement d'une brigade de cavalerie.

Pour rappeler les exploits des chasseurs d'Afrique, sous la conduite du colonel de Schauenburg, il faut lire l'histoire des campagnes de l'Algérie. Ses six années de séjour en Algérie furent autant d'années de luttes et de succès, de privations et de gloire. Rappelons seulement parmi les hauts faits qui ont marqué le passage de Schauenburg aux chasseurs d'Afrique un trait entre dix. A Bou-Farik, dans ces plaines de la Mitidja, maintenant si prospères, trois escadrons de chasseurs placés sous ses ordres furent attaqués par cinq mille Arabes. Dix heures durant, on se battit en rase campagne. Les assaillants, quoique dix fois supérieurs en nombre se trouvèrent finalement forcés malgré la supériorité du nombre. A l'intrépidité dans l'action, Maximilien de Schauenburg réunissait les qualités d'un organisateur, nourri par l'expérience et par de fortes études. C'était un général de cavalerie consommé. On lui doit la traduction d'un ouvrage allemand du comte de Bismarck sur la tactique de la cavalerie. Peu de jours avant sa mort, en 1838, il publia lui-même un nouveau traité *De l'emploi de la cavalerie à la guerre* (Paris, chez Ancelin), dont les conclusions sont à méditer aujourd'hui encore. « Je termine ici ce travail, dit-il, que je me suis décidé de publier parce que j'ai vu que de jour en jour la plus essentielle de toutes les instructions pour la cavalerie, la pratique se perd davantage. Trente-huit ans de service pendant lesquels j'ai toujours cherché à étudier et à approfondir le rude métier où j'ai été jeté par les événements de la première Révolution ; ma vocation particulière et ma ferme volonté de soutenir honorablement le nom que je porte m'ont mis à même de voir et de comparer ce qu'est et ce que pouvait être notre cavalerie. J'ai dit les choses, j'ai exprimé mon opinion avec la franchise d'un soldat qui s'est tenu toute sa vie éloigné des salons, des cours et des grands. J'ai cherché avant tout la vérité. C'est au jugement de mes braves compagnons d'armes que je me soumets. En écrivant, je n'ai eu d'autre ambition que d'être utile au pays que j'ai servi toute ma vie et pour lequel j'ai souvent versé mon sang. »

Le général de Schauenburg a laissé un fils unique, M. le baron Max de Schauenburg, qui exploite un domaine rural à Hochfelden et siège avec honneur au Landesausschuss d'Alsace-Lorraine, en qualité de délégué du Conseil général de la Basse-Alsace.

CHARLES GRAD.

SOURCE : Lehr, *L'Alsace noble ;* Camille Rousset, *Les Volontaires,* 1791-1794, etc.

ANT. MEYER, PHOTOG. COLMAR

DÉPOSÉ

GOLBÉRY, Marie-Philippe-Aimé de

GOLBÉRY, Marie-Philippe-Aimé de

ISTORIEN, naquit à Colmar, le 1ᵉʳ mai 1786, dans une famille d'origine irlandaise venue en France soit à la suite de la reine Henriette, fille de Henri IV, soit pour des motifs de religion. La branche française habitait vers 1664 la province de la Marche. Le bisaïeul de Philippe, Sylvain, fut nommé conservateur et inspecteur général des eaux et forêts en la maîtrise d'Ensisheim. Sa charge ayant été supprimée vers 1714, il acheta celle de greffier en chef au Conseil souverain d'Alsace, qu'il échangea plus tard contre celle de grand-bailli du Mundat supérieur à la résidence de Rouffach, où se voit encore sa tombe. Un oncle de Philippe, Sylvain-Meinrad-Xavier, accompagna M. de Boufflers au Sénégal et rédigea à son retour le récit de son *Voyage en Afrique*, Paris 1802, 2 vol. in-8°.

Philippe reçut dans ses premières années tous les soins d'une éducation distinguée. Sa mère Philippine de Muller fut sa première institutrice. Son oncle le général Scherer ayant fait nommer son père au poste de directeur des domaines à Coblence, il suivit dans cette ville les leçons de Gœrres, qui exerçait sur les jeunes esprits une fascination à laquelle il était difficile d'échapper. Ayant passé ses examens de droit, Golbéry fut nommé en 1811 substitut du procureur impérial à Aurich, un de ces chefs-lieux d'arrondissements français entre lesquels se partageait alors la Hollande. Les désastres de 1814 ne tardèrent pas à lui faire des loisirs, loisirs féconds, car il leur dut de s'éprendre bientôt d'un vif amour pour les études historiques. Ses premières communications à divers recueils littéraires eurent tant de succès qu'elles forcèrent en quelque sorte la Restauration à rouvrir les portes de la magistrature au jeune savant. Nommé en 1818 substitut du procureur général à Colmar, il fut appelé à l'un des siéges de cette Cour à peu près en même temps que paraissait son ouvrage sur les Villes de la Gaule. Dès 1820, il reçut le titre d'inspecteur des monuments anciens dans le Haut-Rhin. Son *Mémoire sur quelques anciennes fortifications des Vosges*, sa *Carte des routes romaines de la Haute-Alsace* préludaient à la publication du grand ouvrage qui associa son nom à celui de Geoffroi Schweighæuser et qui parut en 1828 sous le titre : *Antiquités de l'Alsace.*

Les recherches nécessitées par sa collaboration avec G. Schweighæuser ne l'empêchaient pas de trouver encore du temps pour d'autres publications littéraires. Son ouvrage sur la Suisse destiné à l'*Univers pittoresque* de Didot, ses travaux philologiques sur Tibulle, sur Cicéron et sur Suétone, ses traductions de Schlosser et de Niebuhr auraient suffi à absorber les jours et les veilles d'un homme n'ayant d'autre profession que celle d'écrivain. Et cependant il avait ses devoirs de magistrat, qu'il remplit toujours avec zèle et distinction. On n'a pas oublié à Colmar et à Strasbourg ses lucides résumés lorsqu'il présidait les assises.

Aimant le conte et le faisant avec grâce, il avait traduit quelques fables d'Yriarte, dont le sel ne s'était pas évaporé sous sa plume. Son commerce de lettres, ouvert de bonne heure et continué jusqu'à sa dernière maladie, était étendu. Citons parmi ses correspondants le baron d'Eckstein, Ph. Chasles, Th. Walsh, Berville, Andrieux, un Strasbourgeois qui aimait à déclarer son origine et recevait ses compatriotes avec affabilité.

En 1834, Golbéry fut élu député par le collège électoral de Colmar extra-muros. À la Chambre il s'assit d'abord sur les bancs de l'opposition modérée, dite du centre gauche, vota contre la loi de septembre et réclama l'abrogation de la loi qui proscrivait la famille Bonaparte, mais après l'avénement du cabinet du 29 octobre 1840, il se rangea parmi les députés ministériels. En 1841, il fut nommé procureur général à la Cour royale de Besançon. Il siégeait encore à la Chambre en 1848. La révolution de février lui fit perdre ses fonctions. Plus tard il reçut le titre de premier président honoraire de la Cour d'appel de Besançon. Sa santé, affaiblie par les veilles et les travaux, avait fini par s'altérer profondément. Les douceurs d'une vie intime très embellie, les charmes d'un séjour aimé, de l'ancien château de Kientzheim, où il recevait des amis chers à son cœur et des hôtes illustres à divers titres, lui offraient d'ailleurs toutes les jouissances souhaitables dans la retraite. Cette retraite n'était pas absolue. Il correspondait encore avec Grün, le rédacteur du *Moniteur*, il écrivait une notice sur l'ancien président de l'Académie de Besançon, M. Clerc, son prédécesseur dans les fonctions de procureur général. La mort, depuis longtemps prévue, arriva le 5 juin 1854. Les funérailles furent célébrées au milieu d'une affluence extraordinaire ; les hommages rendus à sa mémoire sur sa tombe par la bouche de M. Blanc, procureur général à la Cour de Colmar, eurent des échos au loin dans les journaux et dans le sein des académies, qui perdaient un associé savant et aimé.

Une diction élégante et concise, une érudition tempérée par les charmes de l'esprit, caractérisent les œuvres de Golbéry. Il avait des réparties

promptes et piquantes, des mots heureux, parfois
mordants. D'une grande simplicité, il causait des
heures entières avec les vignerons de son village.
Mais lorsqu'il se trouvait avec des collègues et
des confrères, avec quel luxe d'idées ingénieuses
et de paroles charmantes il faisait les frais d'une
conversation qui allait de la patrie à l'étranger, de
l'antiquité aux temps modernes!

P. R.

SOURCES : Matter, J Notice sur la vie et les travaux de
Ph. de Golbéry, S. 1. 1858. — Levrault dans : *Musée pittoresque
et historique de l'Alsace.*

ROGER DE BELLOGUET

BELLOGUET

Dominique-François-Louis Baron Roget de

THNOGRAPHE, naquit à Bergheim (Haut-Rhin), le 18 nivôse de l'an IV de la République française (8 janvier 1796) de Dom. Roget de Belloguet, adjudant-général à l'armée de Rhin et Moselle, et de Joséphine Bourste. En 1813, il entra comme sous-lieutenant aux grenadiers à cheval de la jeune garde, il fit la campagne de 1814 et fut décoré étant âgé de dix-neuf ans. Il quitta le service militaire en 1834 avec le grade de chef d'escadron pour se livrer exclusivement aux recherches historiques. Retiré en Bourgogne, il appliqua d'abord la méthode qu'il s'était imposée à l'histoire de la province qu'il habitait. Il donna en 1847 ses *Questions bourguignonnes,* ouvrage qui obtint une médaille d'or au concours des antiquités nationales de l'Académie des Inscriptions. Ce travail fut suivi de deux autres qui obtinrent la même distinction: *Carte du premier royaume de Bourgogne, avec commentaire,* 1849, *Origines dijonnaises,* 1851.

Ce triple succès enhardit Belloguet à élargir le champ de ses investigations: il conçut le projet de reprendre sur la base nouvelle que fournissaient les progrès récents de la philologie, de l'ethnologie et de l'archéologie, la question controversée de nos origines nationales. Il se mit à l'étude des langues néo-celtiques et, sans s'effrayer de l'autorité de ceux dont il entendait contrôler en toute liberté les idées, il continua durant plusieurs années une œuvre qui ne tarda pas à avoir toutes ses prédilections.

20

L'ouvrage qu'il composa se divise en trois parties. La première renferme un *Glossaire gaulois*, 1858, nouvelle édition 1872, où sont discutés tous les mots qu'on a regardés comme ayant appartenu aux Celtes. La deuxième partie est consacrée à la question ethnographique que soulève l'origine des Celtes, elle est intitulée : *Types gaulois et cello-bretons*, 1861. La troisième, la plus étendue, a pour titre le *Génie gaulois*, 1868 ; elle traite du caractère moral, de la religion, des institutions et des arts des peuples de la Gaule. « Ces trois volumes, qui forment un tout homogène, et que l'auteur a réunis sous le titre commun d'*Ethnogénie gauloise*, peuvent être regardés, a dit M. Alf. Maury, comme ce qui a été écrit de plus judicieux, de plus complet et de mieux raisonné sur les Gaulois. Son livre apporte à l'érudition les éléments les plus précieux, les données les plus sûres ; malgré ses imperfections, il n'en constitue pas moins un monument considérable et il faudra désormais l'interroger pour connaître l'ancienne Gaule[1]. »

L'*Ethnogénie gauloise* ne rencontra pas chez nous un accueil aussi favorable qu'elle le méritait. Les esprits superficiels ou étrangers à la matière si courageusement approfondie par Belloguet reprochaient au livre des obscurités qu'une pleine connaissance du sujet dissipe aisément. Mais en Allemagne on paya à l'auteur un juste tribut d'éloges et Belloguet eut la satisfaction de voir ses

---

[1] Il peut même servir pour l'explication des noms de lieux d'Alsace. On nous a reproché de n'avoir pas suivi les préceptes de la critique dans notre *Dictionnaire* et d'avoir cité des mots celtiques de pure invention. Nous prenons, p. 13, col. 1, *Achenheim*, puis nous ouvrons le *Glossaire gaulois*, p. 214 : *Ach*, eau, Ow. Pughe, qu'appuient l'Erse, où ce mot signifie rivage, l'Armoricain *Agen*, source, et l'Irlandais *Aigen*, la mer ; Manks, *Aae*, eau, gué. Le tudesque possède, il est vrai, *ach*, mais le radical commun est le sanscrit *ap*, eau. Nous connaissons l'échange fréquent du *p* avec le *c* ou le *ch*.

idées en grande partie acceptées par les hommes
les plus au courant de la branche de l'histoire à
laquelle il s'était attaché. Une quatrième partie,
les *Cimmériens*, a été publiée en 1873 par les soins
de M. Alf. Maury, de l'Institut et de M. H. Gaidoz,
directeur de la *Revue celtique*. La même année
parurent des *Mélanges de littérature*, 1814-1835,
imprimés à un petit nombre d'exemplaires, chez
Claye, in-8°. Ces essais témoignent du goût et de
la richesse d'imagination de l'auteur.

En 1862, Belloguet avait publié une *Pétition
adressée à l'opinion publique pour la réforme des
élections de l'Institut*, qui fit quelque sensation.
L'auteur y émet des idées qui se rapprochent de
celles de M. Francisque Bouillier, *l'Institut et les
Académies de province*, 1879. En 1848, il prononça
au club de l'Union républicaine de Dijon, un discours sur l'organisation du travail, qui est dirigé
contre le système de Louis Blanc et dont la
péroraison n'a pas beaucoup vieilli : « Ouvriers qui
faites partie de cette assemblée, permettez-moi de
m'adresser à vous avec le cœur d'un ami et mon
franc-parler militaire. Tous les systèmes du monde,
les efforts de tous les gouvernements possibles ne
pourront jamais rien pour votre bien-être, si vous
n'y joignez la prévoyance et l'économie. Savez-
vous ce que c'est que trois ou quatre francs par
jour? Ce sont les appointements d'une foule de
commis, de petits fonctionnaires, de magistrats
même, chargés comme vous de femmes et d'enfants,
c'est la solde d'un sous-lieutenant obligé de se
pourvoir d'armes, d'épaulettes, d'une tenue toujours
brillante et coûteuse. C'est avec cette même somme
qu'ils suffisent à tous leurs besoins. Comparez
vous-mêmes, les dimanches et les jours de fêtes,
les dépenses de vos camarades des grandes villes
avec celles de la petite bourgeoisie et dites-moi

si les classes ouvrières de Paris et de Lyon ne
donnent pas à leurs plaisirs dix fois plus de temps
et d'argent que les petits rentiers ou les modestes
employés des bureaux... »

Belloguet mourut à Nice, le 3 août 1872, dans
toute la lucidité de son intelligence, préoccupé
jusqu'au dernier moment de la poursuite d'une
œuvre qu'il ne lui fut pas donné d'achever. Il a
laissé sa riche bibliothèque à la ville de Dijon.

P. RISTELHUBER.

SOURCES : Notice de M. Alf. Maury. — Communications de
M. Gaidoz.

OBERLIN, Jérémie-Jacques

OBERLIN, Jérémie-Jacques

Rchéologue, naquit à Strasbourg, le 8 août[1] 1735, de Jean-George Oberlin et de Marie-Madeleine Felz. Il fit ses premières études au gymnase, où son père était professeur. Sorti des classes, il fut envoyé à Montbéliard pour y apprendre la langue française. De retour à Strasbourg, il entra à l'Université. Frappé de son assiduité à ses cours et de ses heureuses dispositions, Schœpflin conçut pour lui de l'amitié et lui ouvrit sa bibliothèque. Cette protection fut très utile au jeune étudiant qui se fit recevoir docteur en philosophie en 1758 et, tout en suivant les cours de théologie, vécut des répétitions que lui procurait Schœpflin. En 1764, il fut nommé bibliothécaire adjoint de l'Université et obtint la permission d'ouvrir un cours public de langue latine. En 1770, il succéda à son père comme professeur au gymnase et reçut en même temps la place de professeur adjoint d'éloquence latine à l'Université. En 1776[2], il parcourut, aux frais du magistrat de Strasbourg, les provinces méridionales de la France pour examiner les monuments qu'elles renferment et, en revenant, il s'arrêta un mois à Paris, où il comptait un grand nombre d'amis qui ne connaissaient de lui que ses ouvrages. On voit par le journal de ce voyage, dont Winckler a donné une analyse, qu'aucun genre d'objets n'était étranger aux observations d'Oberlin.

---

[1] Registre de la paroisse de Saint-Thomas.
[2] Spach, le dernier mais non le plus exact biographe d'Oberlin, dit qu'il accomplit « un seul tour de France de 1774 à 1775 ».

Peu après son retour, il devint professeur extraordinaire de philosophie à l'Université et en 1782
il obtint la chaire de logique. A tant de places
il joignit en 1787 celle de directeur du gymnase
et un canonicat de Saint-Thomas.

La révolution vint troubler Oberlin et le dé-
tourner de ses travaux. L'estime dont il était
entouré l'avait porté successivement à la place
d'administrateur du district de Strasbourg, puis du
département du Bas-Rhin. Arraché violemment à
ses fonctions en 1793, il fut transféré avec la
plupart de ses collègues dans les prisons de Metz;
il avait cependant cette année publié pour le
gymnase un programme où il disait : « ayant em-
brassé la révolution dès son aurore avec transport,
j'ai mis d'abord la déclaration des droits de l'homme
et du citoyen entre les mains de la jeunesse et,
dès l'instant que la République fut décrétée par la
Convention nationale, je me suis hâté de conformer,
de concert avec les régents des classes, l'enseignement au gouvernement républicain. Dans les
programmes que j'ai publiés depuis cette époque,
à l'occasion de la distribution des prix, j'ai tâché
d'embraser le cœur de nos élèves du feu sacré de
la liberté et de la vertu, et de lui rendre sensible
la nécessité d'acquérir les connaissances qui doivent
rendre le républicain habile à servir un jour dignement sa patrie. »

Le 9 thermidor lui ayant rendu la liberté, il se
hâta de retourner à Strasbourg, où il rouvrit ses
cours d'archéologie et de diplomatique. A l'époque
de l'établissement des écoles centrales, il fut nommé
bibliothécaire de celle du Bas-Rhin. Il mit en ordre
le dépôt confié à ses soins et provenant des cou-
vents supprimés et, pour en rendre les richesses
plus accessibles au public, il ouvrit un cours de
bibliographie. Oberlin fit en 1800 un second

voyage à Paris pour revoir quelques amis échappés
comme lui à la tourmente révolutionnaire et jeter
un dernier coup d'œil sur les richesses de nos
musées. A son retour, il reprit ses occupations
et publia successivement de bonnes éditions de
quelques classiques latins ; il préparait celle de
Justin, lorsqu'il fut frappé d'une attaque d'apoplexie
qui l'enleva le 10 octobre 1806. Ses restes furent
déposés solennellement dans l'église Saint-Thomas,
à côté de ceux de Schœpflin, son maître. Oberlin,
associé depuis 1772 à l'Académie des Inscriptions,
entretenait avec les savants d'Europe une correspondance active dont la trace est perdue. Les
manuscrits que M. Brunet de Presle a cédés à la
Société pour la conservation des monuments historiques d'Alsace sont des extraits dont M. Spach
n'a rien su tirer. Le *Magasin pittoresque* de 1849,
p. 182, contient des lettres inédites de La Tour
d'Auvergne à Oberlin. Oberlin avait été marié
deux fois. Sa première femme, N. Witter, ne lui
donna qu'un fils mort à la fleur de l'âge. De son
second mariage avec Marguerite Frœlich naquirent
quatre enfants, deux fils et deux filles ; un fils
mourut jeune, l'autre, nommé Georges-Jérémie, fut
professeur à l'Ecole de pharmacie et vérificateur
de l'arpentage du département. Une fille épousa
un sieur Schwing, l'autre un Dr Vérillon qui exerça
son art à Montaigut (Puy-de-Dôme) [1].

Pendant les visites que l'archéologue faisait à
son frère, le pasteur civilisateur du Ban de la Roche,
J.-J. Oberlin avait utilisé ses loisirs en étudiant le
patois alors méprisé de ces pauvres montagnards,
mais avec le coup d'œil du génie il avait découvert
dans ce passe-temps le sujet de graves et vastes

[1] MM. Haag, qui ne brillent pas par le style, n'ont pas même
dans les dernières phrases de leur notice sur Oberlin le mérite
de l'exactitude.

inductions. En comparant ce dialecte à celui de la
Lorraine, à celui de la Bourgogne et à d'autres, il
était arrivé à y entrevoir une source d'instruction,
un secours inappréciable pour l'intelligence du
vieux français. A l'aide de ses études dans la science
des diplômes, il avait estimé à sa juste valeur la
langue du peuple qui conservait les anciennes
locutions, tandis que la cour, la noblesse, les
savants, en épurant et en transformant la langue,
lui avaient souvent enlevé sa saveur native et son
génie primitif. Publié à Strasbourg en 1775 et
dédié à Schlœzer, qui en avait provoqué la rédaction, l'*Essai sur le patois lorrain* ouvrit une ère
nouvelle pour ce genre d'études. A cet Essai
il faut joindre les *Observations concernant le patois
et les mœurs des gens de la campagne*, Strasbourg
1791, in-8°.

Oberlin fut un des principaux rédacteurs du
Magasin encyclopédique de Millin; voici les titres
de quelques-uns de ses articles : *Introduction à la
connaissance de l'antiquité*, année Ire, tome 1er, 382;
Notice d'une gravure de 1467, 1, 2, 65 ; *Lettres sur
quelques graveurs anciens*, II, 3, 365 ; *Notice sur la
Dactyliothèque de Lippert*, II, 4, 62 ; *Notice sur
la vie et les écrits de Lorentz, professeur d'histoire*,
VII, 6, 220.

P. RISTELHUBER.

SOURCES : Notices de J. Schweighæuser, Ehr. Stœber,
Winckler (*Magasin encyclopédique*, 1807, t. 2), L. Spach.

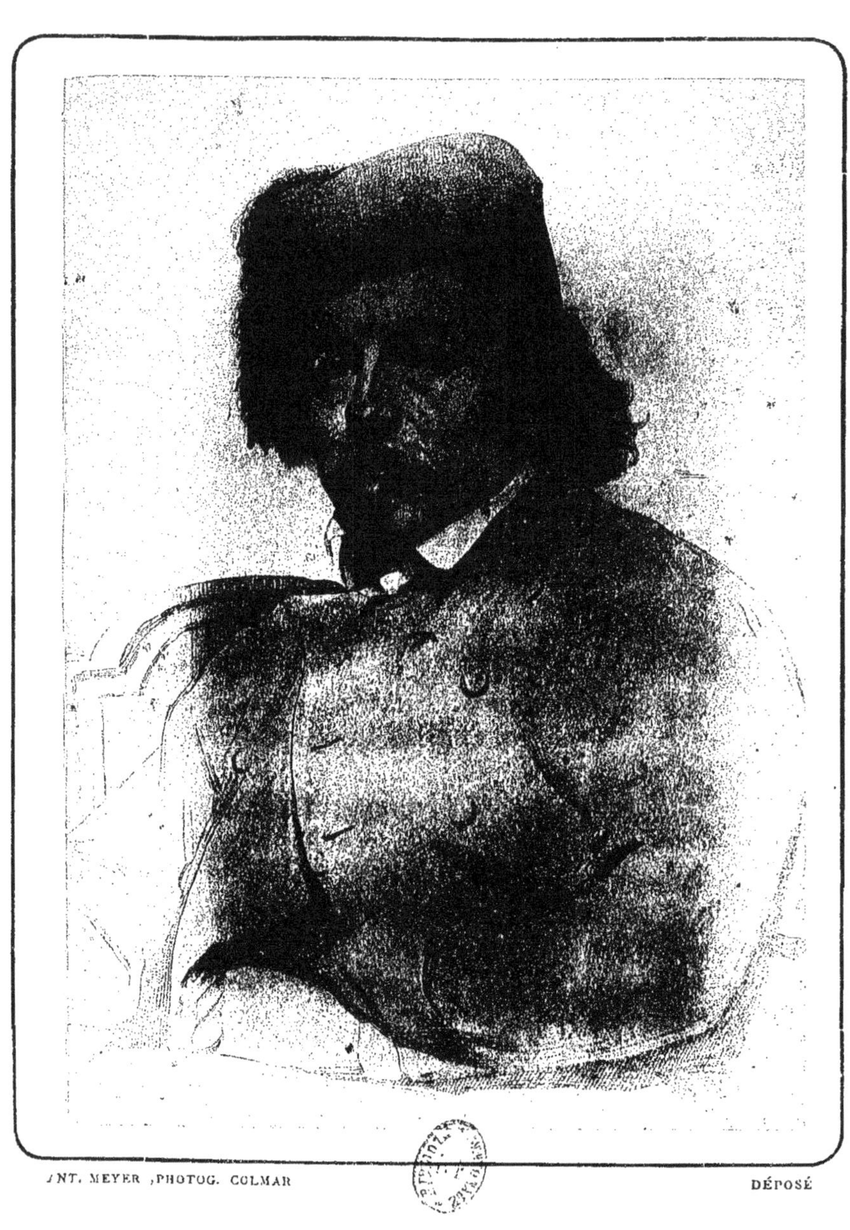

DROLLING, MICHEL-MARTIN

DROLLING, Michel-Martin

Peintre d'histoire et de portraits, né à Paris le 7 mars 1786, mort dans la même ville le 9 janvier 1851. Elève de son père[1], puis de David, il se présenta au concours de peinture en 1810 et remporta le premier grand prix. Le sujet du concours était la *Colère d'Achille*. Pendant le séjour que Drolling fit à Rome, il envoya à Paris le tableau représentant la *Mort d'Abel*. Les qualités éminentes que renfermait cette œuvre valurent à son auteur les plus grands éloges de la part de Girodet rendant compte à l'Institut (séance du 5 octobre 1816) des ouvrages envoyés par les pensionnaires de Rome. C'est une scène pleine d'originalité et d'âme, où tout est vrai, pathétique et pittoresque, où l'étude sentie de la nature est alliée à la plus belle exécution pour produire un tout riche d'harmonie et d'effet. Un début aussi brillant ne fut que le prélude des nouveaux succès que l'artiste remporta dans toutes les expositions auxquelles il prit part. On doit signaler parmi ses œuvres : *Orphée perdant Eurydice*, 1817, gravé par Garnier, 1822 ; la *Communion de la reine Marie-Antoinette*, à la chapelle expiatoire de la Conciergerie, 1817 ; le *Plafond de la salle des dessins au Louvre, représentant la Loi venant s'établir sur la terre*, 1827 ; *Louis XII proclamé père du peuple*

---

[1] Martin, né à Bergheim le 19 septembre 1752, fils de Martin et de Catherine Schobler, mort à Paris en 1817 et connu par ses tableaux genre hollandais. Le rédacteur de l'acte de baptême a écrit : Trœling, le père a signé Drölling et le peintre a signé l'acte de son second mariage : M. Drelling.

aux Etats de Blois, 1829 ; au Musée de Lyon, le *Bon Samaritain*, 1824 ; à l'église Saint-André de Bordeaux, *saint Surin, évêque*, 1831.

En 1833, Drolling succéda à Guérin comme membre de l'Académie des Beaux-Arts. Il décora aussi plusieurs églises de Paris, notamment N.-D. de Lorette et Saint-Sulpice. Son *Jésus-Christ discutant avec les docteurs*, qui se trouve dans la première de ces églises, est considéré comme son meilleur tableau.

Cet artiste fut en butte aux attaques passionnées des adeptes du romantisme. Néanmoins ses leçons étaient suivies par des jeunes gens qui se firent un nom, par Baudry, Maillot, Breton, par les Alsaciens Henner, Ulmann, Lix, Jundt, dont on pleure la perte récente. Sa sœur Louise-Adéone, née en 1797, élève de son père, a exposé plusieurs tableaux de genre d'un mérite réel, les uns sous le nom de Mme Pagnierre, les autres sous celui de Mme Joubert, qu'elle reçut de son second mari. En 1821, elle obtint une médaille d'or au salon. La duchesse de Berry acheta de ses tableaux. En 1827, elle exposa, entre autres, la *Marchande de balais allemande*, tableau composé de trois figures.

Le catalogue de la vente des autographes d'Em. Cottenet (30 mars 1882) contenait trente-deux lettres de Drolling à son fils, pensionnaire de l'Académie de France à Rome, Paris, du 13 avril 1811 au 17 août 1816, 48 p. in-4°, et vingt-neuf lettres de Michel à son père, Rome, du 5 août 1811 au 30 juin 1816, 80 p. in-4°. Cette correspondance est une véritable chronique de l'Académie de France à Rome.   P. R.

Portrait de Drolling par son élève Biennoury, gr. par Castan.

PIERRE, Augustin

Le Général PIERRE, Augustin

Naquit à Colmar, le 17 février 1797; son père, conseiller à la Cour de Colmar, avait épousé Mademoiselle de Kentzinger, sœur de l'ancien maire de Strasbourg et du général de Kentzinger, chef du cabinet de Charles X.

Engagé volontaire au 5ᵉ hussards, le 8 février 1816, Pierre était sous-lieutenant au mois de décembre 1819. Le calme dont jouissait alors la France ne donnant pas satisfaction à ses rêves d'avenir, le jeune sous-lieutenant partit pour la Guadeloupe où il entra, avec son grade, dans le bataillon colonial de nouvelle formation; il y resta jusqu'au mois de mars 1824 et fut nommé lieutenant à la légion de gendarmerie de la Corse.

Les aptitudes particulières signalées chez le lieutenant Pierre pendant son service colonial, lui valurent, en mars 1831, le commandement de la compagnie de gendarmerie de la Guadeloupe, comme capitaine; et, cinq ans après, les épaulettes de chef d'escadrons récompensaient ses bons services.

Nos possessions des Antilles traversaient alors une période désastreuse; les tremblements de terre étaient fréquents, témoin celui qui, en 1839, détruisit en partie la ville de Saint-Pierre (Martinique). La fièvre jaune était en permanence, décimant nos effectifs sans cesse renouvelés; nos troupes, comme toujours, rivalisaient de zèle et de dévouement avec les populations au milieu des fléaux qui désolaient ces contrées lointaines.

En 1840 le commandant Pierre quitta les Antilles, avec sa femme et ses enfants, pour passer, avec son grade, dans la garde municipale de Paris où il fut nommé, quelques années après, lieutenant-colonel avec le commandement du régiment à cheval qu'il conserva jusqu'au mois de février 1848, époque à laquelle ce beau régiment fut licencié.

Le colonel Pierre fut alors désigné pour le commandement de la 8ᵉ légion à Moulins et, là encore, il donna des preuves de son intelligence et de son activité dans la répression énergique des émeutes qui troublèrent les départements de l'Allier et de la Nièvre.

Au mois de juin 1854, les brillantes qualités militaires et administratives du colonel Pierre, son sentiment profond du devoir et de la discipline, le désignèrent au choix de l'Empereur pour la formation du régiment de gendarmerie de la garde impériale qu'il commanda jusqu'au 21 mars 1855, date de sa nomination au grade de général de brigade.

Placé au commandement de la subdivision de l'Eure, le général Pierre obtint de rentrer à Colmar, sa ville natale, pour commander la subdivision du Haut-Rhin. C'est là qu'il mourut, entouré des siens, le 31 mai 1868, après une longue et honorable carrière de 43 ans de services militaires, dont 27 campagnes, laissant de vifs et unanimes regrets parmi ses compatriotes et ses nombreux amis !

Le général Pierre fut inspecteur général de gendarmerie et membre du comité consultatif de l'arme pendant les années 1855, 1856, 1857, 1858 et fut placé en 1859, par limite d'âge, dans la 2ᵉ section du cadre de l'état-major général.

Il fut chargé par le gouvernement, en 1849, de l'organisation et de l'installation du pénitencier de

Belle-Isle-en-Mer où furent transportés les détenus
politiques de Paris au nombre de 1200. Cette
mission fut remplie avec tact et fermeté par le
général Pierre.

C'est ainsi qu'il justifia, pendant toute sa carrière,
la haute confiance que ses chefs avaient en lui,
ainsi que l'estime et l'affection de ses subordonnés.

Décoré de la Croix de Chevalier de la Légion
d'honneur, le 5 mai 1833; de celle d'Officier, le
24 avril 1842, et de celle de Commandeur, le 10
octobre 1851.

Commandeur de l'ordre de Saint-Grégoire-le-
Grand (Rome), le 26 novembre 1858.

Colonel Petit.

KASTNER, Jean-Georges

KASTNER, JEAN-GEORGES

M.—Fétis, l'auteur de la célèbre Biographie universelle des musiciens, consacre une demi colonne à l'énumération des distinctions qui échurent à Jean-Georges Kastner. Compositeur, théoricien et musicographe érudit, auteur de nombreux ouvrages didactiques ou historiques et d'une foule de morceaux de musique de tous genres, collaborateur d'une multitude de journaux et de revues, Kastner fut nommé tour à tour docteur en philosophie et en musique de l'Université de Tubingue, membre libre de l'Académie des beaux-arts de l'Institut de France, membre de l'Académie des beaux-arts de Berlin et de l'Académie de Sainte-Cécile à Rome, membre correspondant de la Société néerlandaise pour l'encouragement de la musique, etc. Il fut décoré des ordres de la Légion d'honneur (chevalier en 1845, officier en 1864), de l'Aigle rouge de Prusse (3ᵉ classe), d'Ernest de Saxe-Cobourg-Gotha et de la Couronne de chêne de Hollande. Il reçut en outre la Croix de commandeur (avec plaque) de Charles III d'Espagne, celle de François-Joseph d'Autriche et la Médaille d'or pour les sciences et les arts de Prusse.

Pourquoi toutes ces distinctions? A cette question, l'auteur des *Musiciens célèbres*, M. Clément, répond à peu près ceci: C'est au milieu d'une civilisation avancée, lorsque la musique a passé par les phases principales de son développement, à une époque où la synthèse peut être faite avec utilité, en un mot, à l'époque où nous vivons, que la place de l'historien est marquée, pour nous montrer tout le chemin parcouru depuis la naissance des arts et pour nous intéresser aux efforts, aux luttes et aux découvertes des pionniers qui ont frayé la route. Cette tâche de l'historien et du philosophe, Georges Kastner l'a remplie avec autant de zèle que d'érudition. Il a fait plus; musicien excellent et compositeur habile, homme doué d'un cœur ardent et dévoué, il a fait servir l'expérience des siècles aux progrès de l'avenir. N'est-ce pas là le but de la vraie science en même temps que la marque d'un esprit élevé et généreux?

Pour tout résumer, M. Clément appelle Kastner le « Humboldt de la musique. »

Pour justifier cet éloge, il faudrait passer en revue toutes les productions de Kastner. On en trouvera la liste *in extenso* dans le Dictionnaire de Fétis. Ici nous nous bornerons aux points principaux de sa biographie.

Kastner naquit à Strasbourg, le 9 mars 1810. Après avoir achevé ses premières études au gymnase protestant de cette ville, en 1827, il suivit les cours de la faculté des lettres, particulièrement le cours de philosophie de l'abbé Bautain; mais dès lors la musique avait absorbé le meilleur de ses forces. Avant quinze ans il s'essayait déjà à la composition, s'adonnait à l'étude de l'harmonie et du contre-point, — où il se perfectionna plus tard sous l'habile direction des professeurs allemands Maurer et Bœhner, — et acquérait la pratique des divers instruments de l'orchestre, si bien qu'en 1829 le théâtre de Strasbourg put représenter la *Prise de Missolonghi*, drame en vers allemands de Kneiff, pour lequel le jeune artiste avait écrit une ouverture, des chœurs, des marches et des entr'-actes. Les auteurs de cet ouvrage, poète et musicien, étaient âgés chacun de dix-neuf ans. Dès lors la vocation de Kastner fut irrésistible; il ne fut plus question de lui faire embrasser la carrière ecclésiastique; c'est à l'art qu'il se voua tout entier.

Les encouragements donnés à sa première tentative l'engagèrent à composer la musique de deux
nouveaux opéras allemands, *Gustave Wasa* (en 5
actes, 1831) et la *Reine des Sarmates* (en 4 actes,
1832) qui furent aussi joués à Strasbourg, et qui
appelèrent sur son talent précoce l'attention d'amateurs de musique influents. Sa ville natale lui alloua
une subvention et l'envoya à Paris pour y recevoir
les conseils de Chérubini, de Berton et de Reicha.
Ces deux derniers maîtres, après avoir examiné
les partitions de ses premiers opéras, virent en lui
plutôt un confrère qu'un élève et lui restèrent unis
d'amitié jusqu'à leur mort. Initiés aux difficultés
qu'il rencontrait pour se faire ouvrir les portes
des théâtres lyriques, — à cette époque obstinément et systématiquement fermées aux débutants,
— ils lui conseillèrent de chercher tout d'abord
à se faire un nom dans le domaine de l'enseignement. Kastner depuis longtemps y avait remarqué
une lacune. Il résolut de la combler en écrivant le
premier *Traité général d'instrumentation* qui ait
paru en France. Meyerbeer se montra enchanté
de cette idée et adressa au jeune théoricien une
lettre de félicitations qui fut imprimée en tête du
livre. Le Conservatoire de musique adopta aussitôt
cet ouvrage, le seul qui pendant plusieurs années
fut consulté sur la matière par les artistes, jusqu'à
ce que Berlioz, qui le consultait souvent aussi, s'en
fut inspiré pour en écrire un à son tour.

Une *Grammaire musicale*, une *Méthode d'harmonie*, un *Traité de contre-point et de fugue* achevèrent d'établir la réputation de Kastner comme
auteur didactique et musicien savant. Mais ce fut
cette réputation même qui l'entrava dans sa carrière de compositeur dramatique à laquelle il
n'avait pourtant pas renoncé. Rossini et Auber
régnaient alors sans partage sur les premières

scènes lyriques et tout autre genre de musique que le leur était difficilement goûté. Les premiers succès de Meyerbeer étaient encore à cette époque l'objet de vives contestations. Cependant en 1841 Kastner réussit à faire jouer à l'Opéra-comique *La Maschera* qui fut accueillie très favorablement et qui lui valut aussitôt un *libretto* en trois actes, de Scribe, reçu au même théâtre et dont il écrivit la partition. Toutefois déjà dégoûté de la vie des coulisses, incapable de ruse, d'intrigue et de démarches humiliantes, il ne put se décider à livrer cette partition au directeur et, comme Berlioz, prit le parti de faire entendre hors du théâtre, dans des concerts, ses compositions dramatiques. En 1844, *Le dernier Roi de Juda*, opéra biblique qu'il avait destiné au Grand-opéra, fut exécuté avec beaucoup de succès sous la direction d'Habeneck dans la grande salle du Conservatoire par les premiers chanteurs de l'académie royale de musique et par un orchestre d'élite. Toutes les autres partitions et les chœurs pour voix d'hommes qu'il écrivit ensuite, à l'exception de *Béatrice*, grand opéra qu'il avait fait pour l'Allemagne, lui furent inspirés par ses travaux de littérature et d'archéologie musicale dont ils forment pour ainsi dire le corollaire poétique. C'est surtout sur le terrain de l'histoire de la musique qu'il obtint universellement les suffrages des savants et des musiciens sérieux. Versé dans la connaissance des langues classiques, non moins que dans celle des principaux idiomes modernes, il écrivit le premier l'histoire de la musique militaire depuis les temps les plus reculés jusqu'à nos jours. Des planches descriptives font de ce *Manuel* un livre des plus curieux. C'est également un historien consommé, un érudit de premier ordre que révèlent les recherches de Kastner sur les *Danses des morts* (1852). « Dans ce livre, dit M. Clément, l'écrivain traite en passant une foule de questions que le sujet appelait naturellement sous sa plume et qui se rattachent à la théologie, à la littérature, à l'esthétique et aux conceptions sociales du moyen-âge; il reproduit la figure des instruments usités dans les rondes des Morts; enfin, car il n'oublie jamais qu'il est artiste, il conclut son travail par un essai de danse Macabre dont la musique composée sur des paroles de M. Edouard Thierry, offre un curieux caractère d'archaïsme. » Fétis appelle cet essai: une production originale dans sa forme, bien écrite et remarquablement instrumentée. Ce volume est grand in-4°, de 310 pages, avec vingt planches lithographiées, dont la plupart renferment des figures d'instruments de musique.

Dans les *Chants de la vie* (grand in-4° de 110 pages de texte et 112 pages de musique en partition), on trouve tout ce qui concerne la naissance et le développement des sociétés de musique en Allemagne, devenues peu à peu, en France, les Orphéons. Kastner en trouve la première trace, en 1673, dans la ville de Greiffenberg, en Poméranie. Les chants, qui forment la partie la plus importante de l'ouvrage pour les artistes, sont considérés, au dire de Fétis, comme une des productions les plus distinguées qui aient été publiées en France pour le chant en chœur de voix d'hommes; il y règne une grande franchise de mélodie, beaucoup de variété de caractères et de rhythmes, et de plus une pureté irréprochable dans l'harmonie. Toujours fidèle à sa méthode historique, Kastner place en tête de l'ouvrage intitulé: *Les chants de guerre de l'armée française,* un essai sur les chants guerriers de la France, depuis ceux des bardes de la Gaule jusqu'à l'époque actuelle. Nous ne saurions, dit Clément, donner une idée des richesses accumulées dans ce livre par la patiente érudition du savant musicien. A côté de l'inspiration chevaleresque, on y rencontre la parodie burlesque.... Bref, il y a dans toutes ces pages plus qu'une satisfaction offerte à la curiosité; il y a les éléments d'une histoire nationale.... Rien n'est plus intéressant que de voir, dans ces œuvres lyriques, les ombres évoquées par M. Kastner reprendre un corps, s'animer, parler, agir, chanter. C'est une prosopopée musicale dont l'idée est heureuse et originale.

Dans la *Harpe d'Eole* Kastner étudie les rapports des bruits de la nature avec la science musicale; là aussi, comme dans ses *Voix de Paris*, le maître fait suivre la première partie, littéraire, d'une application musicale du sujet traité dans le texte. Livre fort curieux que ces *Voix de Paris* (1857) où sont étudiés les cris des marchands et des colporteurs parisiens au moyen-âge, du XV° au XVIII° siècle, pendant les époques révolutionnaires, et à l'époque actuelle, tandis que dans les *Sirènes*, ce qui paraît surtout, c'est la tendance de Kastner à sortir du monde réel, pour s'élancer dans le domaine du fantastique, pour ne pas dire du merveilleux.

Mais de toutes les productions de Kastner, la plus curieuse, la plus originale, c'est peut-être sa *Parémiologie musicale de la langue française* ou explication des proverbes, locutions proverbiales, mots figurés qui tirent leur origine de la musique, etc. ouvrage qui n'a pas seulement pour but de satisfaire une vaine curiosité, mais de démontrer la sympathie universelle des peuples pour la musique par la place considérable qu'elle a de tout temps occupée dans le langage populaire. Comment, par exemple, l'auteur procède-t-il pour le proverbe: *Qui n'entend qu'une cloche n'entend qu'un son?* Il fixe, dit Fétis, l'étymologie du mot *cloche*, recherche l'origine de la chose, en fait l'histoire et en classe toutes les variétés, depuis le bourdon des cathédrales jusqu'à la clochette et au grelot, rapporte à chacune les expressions où elles figurent et prodigue à pleines mains les documents relatifs au sujet et la critique historique la plus solide.

Mais nous ne saurions viser à être complet. Nous en avons dit assez pour faire comprendre que, dans l'histoire de la musique, Georges Kastner a droit à une place unique, par son profond sentiment musical, par son génie de composition et surtout par la variété et l'étendue de ses connaissances. Nous ne croyons pas être indiscret en ajoutant que, si d'une part sa position indépendante lui facilita l'accomplissement de la grande tâche qu'il mena à bonne fin, il trouva d'autre part en Mme Kastner, née Boursault, une « aide semblable à lui » qui s'associa tout entière, de cœur et de talent, à ses magnifiques travaux.

Après avoir eu la gloire de contribuer à la prospérité de l'Association des artistes musiciens de France, dont il fut un des quatre premiers fondateurs, après avoir coopéré pendant longtemps aux travaux du Jury d'examen des concours du Conservatoire de musique présidé par Auber, après avoir été nommé, en 1867, membre de celui de l'Exposition universelle de l'Industrie et y avoir été le promoteur du grand concours international des musiques militaires d'Europe qui eut lieu à cette occasion, il mourut presque subitement des suites d'un excès de travail, le 19 décembre de la même année. Mme Kastner-Boursault survit à son mari et à son fils, Georges-Eugène-Frédéric Kastner, qui, né à Strasbourg le 10 août 1852, succomba dès 1882 (le 6 avril), mais non sans avoir laissé une trace considérable. Il étudia avec une ardeur sans pareille les sciences physico-chimiques et la musique. A l'âge de 17 ans, le 15 décembre 1869, il prenait un brevet pour un moteur électrique. Quelques années après, la découverte qu'il fit du principe de l'interférence des flammes chantantes le conduisit à écrire une *Théorie des vibrations*, conçue à un point de vue nouveau, et en même temps à construire un instrument des plus étranges, dont les sons inconnus jusqu'à ce jour se rapprochent de la voix humaine, le pyrophone. Cet instrument possédant un clavier comme l'orgue, chacune des touches y est mise en communication, moyennant un mécanisme aussi simple qu'ingénieux, avec les conduits pouvant amener à l'orifice de becs à plusieurs brûleurs, lesquels sont placés dans des tubes de verre de différente dimension, une quantité réglée de gaz d'éclairage nécessaire pour alimenter, au degré voulu, deux ou plusieurs flammes conjuguées, et pour les faire chanter *instantanément* à volonté. Lorsqu'on pèse sur une touche, les flammes émergeant des brûleurs se séparent et le son se produit; dès qu'on lève le doigt, ces flammes se rapprochent et le son cesse immédiatement : invention fort originale à coup sûr, et qui fait le plus grand honneur à l'inventeur enlevé malheureusement par une mort prématurée.   AD. SCHÆFFER.

SOURCES : Fétis, *Biographie universelle des musiciens et bibliographie générale de la musique.* Deuxième édition. Paris, Firmin-Didot, 1862, t. IV, p. 480 et suiv. — F. Clément, *Les Musiciens célèbres depuis le seizième siècle jusqu'à nos jours.* Paris, Hachette, 1868, g. in-8°. — Glæser. *Biographie nationale des contemporains.* Paris, 1878, in-8°. — V. aussi le Grand Dictionnaire universel du XIX° siècle, de P. Larousse (à *J. G. Kastner* et *Parémiologie*) et, sur M. Kastner fils, même ouvrage, supplément (à *G. F. Kastner* et *Pyrophone*), puis encore *la Nature*, revue des sciences, par Tissandier, n° du 7 février 1874. — D' Hugo Riemann, *Musik-Lexicon*, 2. vermehrte Ausgabe. Leipzig, 1884, 8°.

BRUCH, Jean-Frédéric

BRUCH, Jean-Frédéric

RIGINAIRE de Pirmasens, dans la Bavière
rhénane, où il naquit en 1792, descen-
dait d'une ancienne famille de huguenots
du nom de Bruyère. Il fit ses études
à l'académie protestante de Strasbourg (depuis
1811, séminaire protestant) établie par Napoléon sur les ruines de l'ancienne Université et
spécialement destinée à l'instruction des jeunes
ministres de la confession d'Augsbourg. Il y eut
pour professeurs des hommes de grande valeur :
Schweighæuser, Dahler, Herrenschneider ; puis
Blessig, Fritz, Haffner. Après avoir passé à peu
près un an, en qualité de vicaire, dans l'une des
paroisses les plus pénibles (Lohr) et puis six
années, en qualité de précepteur, à Paris (dans la
maison Gros), il fut appelé, en 1821, à occuper au
séminaire protestant et à la faculté de théologie,
la chaire devenue vacante par le décès de son
ancien professeur Fritz. Il accepta, non sans avoir
longtemps hésité, ces importantes fonctions, qu'il
remplit presque jusqu'à sa mort, c'est à dire pendant plus d'un demi-siècle. Il y joignit bientôt
celles de prédicateur et, en 1848, celles d'inspecteur ecclésiastique et de membre du Directoire de
l'Eglise de la confession d'Augsbourg en France.
Il se plaisait à répéter que, de toutes les charges
multiples qui pesaient sur lui, nulle ne lui donna
plus de satisfaction que celle de professeur. « Je
puis m'accorder, dit-il, le témoignage que j'ai
toujours pris mes cours au sérieux. Je m'y suis

toujours préparé avec le plus grand soin. » Ses cours portaient sur presque toutes les branches de la théologie. Pour moi, qui écris ces lignes, je n'oublierai point le profond respect que m'inspiraient cette figure vénérable, ce débit quelque peu solennel, cette science de bon aloi et surtout cette chaleur de cœur qui se cachait sous les dehors froids de mon professeur bien-aimé. La tendance théologique de M. Bruch a été fort bien caractérisée par son biographe, M. Gerold : « de bonne heure, par suite d'études sérieuses et de méditations approfondies, il s'était séparé du rationalisme vulgaire des Röhr, des Wegscheider et des Paulus, pour s'élever à ce rationalisme à la fois spéculatif et mystique qui est tout ce qu'il y a de plus élevé : l'homme s'appropriant le christianisme par toutes les puissances de son être, par l'intuition comme par la réflexion, par le cœur aussi bien que par l'entendement. » Dans ses prédications, très suivies, l'élément dogmatique tenait peu de place ; ce qui y prédominait, c'était l'élément pratique, présenté sous une forme des plus soignées.

Tout absorbé qu'il fût pas ses nombreuses fonctions, M. Bruch trouva moyen de publier de nombreux volumes, tant scientifiques que pratiques, qui lui firent le plus grand honneur.

Son Manuel de la Morale chrétienne (*Lehrbuch der christlichen Sittenlehre* ; 2 vol.) est l'un des meilleurs qui aient jamais paru. Dix ans plus tard, en 1842, parut son Etude sur les attributs de Dieu (*Die Lehre von den göttlichen Eigenschaften*) et puis, en 1851, son livre sur la Sagesse des Hébreux (*Weisheitslehre der Hebräer*). C'était là un fragment d'histoire de la philosophie, une étude sur les livres philosophiques des Hébreux et surtout sur l'antinomie entre le triomphe de l'homme impie et les malheurs du juste. En 1859 parut un autre ouvrage philosophique sur la doctrine de la préexistence de l'âme (*Die Lehre von der Präexistenz der menschlichen Seele, historisch-kritisch dargestellt*) et, en 1864, la Théorie de l'aperception intime (Theorie des Bewusstseins. *Ein psychologischer Versuch*) qui n'était rien moins qu'une critique des grandes écoles philosophiques modernes.

Que l'on ajoute à cette liste, déjà longue, celle des écrits plus pratiques, bien que composés en vue d'un public éclairé, que publia M. Bruch, et puis celle des nombreux journaux et revues, tant français qu'allemands, auxquels il collabora, et l'on conviendra qu'il est permis de classer M. Bruch parmi les auteurs qui ne furent point sans exercer une influence salutaire sur le développement des idées. N'oublions pas de rappeler que sa prédilection pour les choses de l'esprit n'empêcha pas le vénérable professeur de coopérer à la fondation d'œuvres d'intérêt général, telles que l'école gratuite d'enseignement mutuel pour les jeunes ouvriers, la Société de patronage pour les jeunes détenus et autres. C'est que, sous une enveloppe froide en apparence — et c'est ce que savent bien tous ceux qui l'ont connu de près — battait un cœur sympathique à toutes les souffrances. C'est ce côté du caractère de M. Bruch qui explique le fait qu'il accepta des fonctions des plus élevées quand un nouvel ordre de choses vint s'établir sur les ruines de l'ancien. Personne ne fut moins ambitieux que lui, nul plus désireux de servir la cause excellente à laquelle il avait voué sa vie. Quant il mourut, le 21 juillet 1874, dans sa quatre-vingt-deuxième année, après de longues souffrances endurées avec une rare résignation, « le protestantisme perdit une grande lumière et l'Alsace un des ses citoyens les plus dévoués. » Jugement auquel nous souscrivons bien volontiers. Nous avons consacré dans ce recueil, l'an dernier, une notice au pasteur Billing, une autre au pasteur Oberlin, une troisième à Spener : à côté de ces noms-là, la place de Bruch était toute marquée.

AD. SCHÆFFER.

SOURCES : *Encyclopédie des sciences religieuses*, publiée sous la direction de M. Lichtenberger. Paris, 1877, t. II, p. 448. — *Jean-Frédéric Bruch*, notice biographique, par Th. G. Strasbourg, 1874.

SCHLUMBERGER, Jean

SCHLUMBERGER, JEAN

CHEF d'industrie, conseiller d'Etat et président du Landesausschuss d'Alsace-Lorraine, est né à Mulhouse, le 22 février 1819, où ses parents, qui résidaient à Guebwiller, s'étaient rendus pour assister à une fête de famille. Ce jour-là ses arrière-grands-parents, Jean Kœchlin et Climène Dollfus, célébraient leurs noces d'or. Son père Nicolas, fondateur d'une des principales maisons industrielles du pays, et sa mère, Elisabeth Bourcart, devaient également fêter, en 1835, le cinquantième anniversaire de leur mariage, entourés de huit fils et filles, avec vingt-quatre petits-enfants. Les familles étaient nombreuses alors dans notre pays. Elevés sous le régime vigoureux des corporations, les chefs de ces familles industrielles formaient par l'hérédité du travail une aristocratie, dont les fils, en ce siècle de liberté continuent la tradition rigide et laborieuse, avec plus de largeur dans les idées.

A l'âge de 12 ans, Jean Schlumberger fut mis en pension à Lenzburg, en Suisse. Ses premières études se firent d'après la méthode de Pestalozzi, qui vise surtout à former le corps et l'esprit par des courses nombreuses au dehors, plus que par des efforts de mémoire à l'air renfermé. Envoyé à Paris en 1836, il y suivit d'abord les cours de l'Ecole centrale des arts et manufactures, puis la faculté de droit. Comme étudiant, il fonda avec Rossi, le grand économiste, et avec le duc de Broglie la conférence Molé, où tant de jeunes gens se sont formés à l'art à discussions publiques et restée debout malgré plusieurs révolutions. Au

moment où il allait subir les examens du doctorat
en droit, sa famille le rappela à Guebwiller pour
participer à la gestion d'une maison de filature et
de constructions de machines, fondée par son père
en 1808. C'est dans cette position qu'il a épousé
en 1845 Mademoiselle Clarisse Dollfus, fille de
Daniel Dollfus-Ausset, dont il a eu six fils. Deux
de ses fils, devenus ses associés, mariés à des
petites-filles de Guizot, l'illustre homme d'Etat
français, partagent aujourd'hui avec lui l'administration de ses établissements industriels.

Ces établissements ont dû prospérer naturellement sous une direction aussi habile et aussi active.
Le soin de ses affaires particulières n'empêcha pas
M. Schlumberger de se préoccuper avec une égale
sollicitude des intérêts généraux de l'industrie alsacienne et de l'industrie française. Appelé en 1860
à donner son avis sur le tarif des douanes à introduire avec le traité de commerce à conclure avec
l'Angleterre par l'empereur Napoléon, il se distingua par la netteté et la modération de ses conseils. Ce sont ses propositions, tout particulièrement, qui furent admises par les négociateurs du
traité pour les taxes appliquées aux filés de coton,
à l'exclusion des demandes plus exigeantes des
filatures du Nord. Partant de l'idée que, sous le
régime d'une protection modérée, chaque produit
manufacturé doit être protégé par un droit proportionné au travail engagé dans la fabrication, il
a fait admettre une série de taxes graduées suivant
la finesse et la valeur de l'article. Depuis, lors de
l'enquête faite à Berlin, en 1878, pour la révision
du tarif douanier allemand, il a fait de grands
efforts pour l'adoption du même système, sous
lequel l'industrie d'Alsace a joui d'une ère de prospérité, maintenant disparue.

L'annexion de l'Alsace-Lorraine à l'Empire

allemand, par suite de la guerre de 1870, éloigna
la plupart des hommes qui jusqu'alors avaient joué
dans le pays un rôle politique. Dans l'effarement
causé dans les esprits, les plus en vue s'étaient
retirés et avaient abandonné leur parti. A ce moment difficile, M. Jean Schlumberger fut de ceux
qui pensaient que les notables avaient le devoir
d'intervenir pour conserver au pays son autonomie,
avec une existence propre au milieu du nouvel
ordre de choses. Aussi n'a-t-il pas hésité à accepter,
avec son ami, M. Edouard Kœchlin, étranger
également alors à la vie publique et un des hommes
aujourd'hui qui rendent les meilleurs services à
leurs concitoyens, à accepter un mandat au conseil
général du Haut-Rhin, où son père et son frère
Henri avaient représenté auparavant le canton de
Guebwiller. La part prise par les conseils généraux
à la réorganisation de l'Alsace-Lorraine a été
considérable. Pendant qu'à Berlin nos députés au
Reichstag, tout particulièrement MM. Guerber,
Simonis et Winterer, soutenaient avec ardeur les
droits et l'honneur de la population annexée à
l'Allemagne, les conseils généraux, issus de même
du suffrage universel, travaillaient avec non moins
de dévouement à l'administration et à l'organisation
intérieure. Difficile dans les débuts, l'harmonie
entre les députés qui protestaient à Berlin contre la
conquête, et ceux qui luttaient à Strasbourg pour
l'autonomie au sein de l'Empire, cette harmonie
tend à s'établir et à se fortifier de plus en plus
sous l'effet d'une estime réciproque et de communs
efforts pour l'amélioration de la chose publique.

Lorsque le gouvernement allemand suscita l'institution du Landesausschuss, cette diète d'Alsace-
Lorraine, chargée de l'examen des lois propres
au pays, et dont les attributions ont été successivement étendues, M. Schlumberger fut appelé

d'emblée par ses collègues à la présidence de l'assemblée. Depuis 1874, ce mandat lui est renouvelé à l'ouverture de chaque session, comme un témoignage de confiance et de sympathie pour l'intégrité de son caractère. Ce sont également les suffrages des ses collègues qui l'ont désigné à siéger au conseil d'Etat, lors du transfert à Strasbourg du siège du gouvernement de l'Alsace-Lorraine, à partir du mois d'octobre 1879. Une large part des services rendus à la cause de notre pays par le Landesausschuss revient à son président, toujours dévoué et infatigable, toujours prêt à prodiguer à chacun son appui, son temps et ses conseils.

Outre ses mandats politiques, auxquels il consacre la meilleure partie de son temps, M. Jean Schlumberger appartient au conseil municipal de Guebwiller, au conseil presbytéral de l'Eglise réformée, à la Chambre de commerce de Colmar, au comité consultatif des chemins de fer, à diverses sociétés scientifiques. La science occupe une large part dans ses loisirs comme distraction des affaires industrielles et des soucis de la vie publique. Comme son beau-père Dollfus-Ausset, l'explorateur des glaciers, il a la passion de l'histoire naturelle et a fait beaucoup d'observations, dont la science fera profit, le jour où sa modestie lui permettra de les publier. Dans sa laborieuse retraite de Guebwiller, il conserve une magnifique collection de papillons, digne de figurer parmi les plus riches musées d'histoire naturelle de l'Europe. On lui doit aussi un ouvrage important publié en 1874 sous le titre *Cäsar und Ariovist*, qui a établi sa réputation dans une autre direction, comme érudit et comme archéologue.

CH. G.

RATISBONNE, Louis-Fortuné-Gustave

RATISBONNE,
LOUIS-FORTUNÉ-GUSTAVE

ITTÉRATEUR, né à Strasbourg, le 29 juillet 1827. Après avoir fait de brillantes études au collége Henri IV où il obtint le prix d'honneur de philosophie, il se fit recevoir à dix-neuf ans licencié ès-lettres. Admis comme auditeur au Conseil d'Etat, il refusa de prêter serment au gouvernement sorti du coup d'Etat et se tourna vers la carrière des lettres. Familier avec la langue italienne, il entreprit de traduire en vers la *Divine Comédie* (1852-1859, 6 v.), œuvre qui fut couronnée par l'académie française. Dès 1853 L. Ratisbonne fut attaché à la rédaction du *Journal des Débats*, où il a fait paraître un grand nombre d'articles écrits d'une plume fine, élégante et facile. Il a publié de plus un certain nombre d'ouvrages, dont quelques-uns composés pour les enfants, ont contribué particulièrement à sa réputation. Le premier en date est la *Comédie enfantine* (1860 in-8° ill.) recueil de fables morales couronné par l'académie française en 1861 et qui a très souvent été réédité. Les nombreux Albums avec texte en vers également pour les enfants, qu'il a fait paraître sous le pseudonyme de Trim n'ont pas eu un succès moins vif. M. Ratisbonne excelle à surprendre jusque dans leur germe les impressions variées et fugitives de l'enfance, les petites émotions, les unes innées, les autres imitées, dont le développement doit former plus tard le caractère. Il les traduit avec autant de sagacité que de légèreté et de délicatesse.

Après la révolution du 4 septembre 1870, M. Ratisbonne fit partie, au *Journal des Débats*, du petit groupe de rédacteurs qui demandèrent le maintien et l'affermissement des institutions républicaines. Lorsqu'au mois d'octobre 1873 un autre groupe de la rédaction ayant à sa tête M. John Lemoine, entreprit de faire une campagne en faveur de la fusion monarchique, M. Ratisbonne se retira du journal.

En 1871, à Versailles, en pleine place publique, il eut le courage de protester contre les traitements barbares qu'une population affolée faisait subir aux malheureux prisonniers de la commune. Arrêté pour ce fait et conduit au poste, il faillit être jeté en prison. « S'il se trouvait un homme de cœur pour protester, dit M. C. Pelletan dans la *Semaine de mai*, il courait de sérieux dangers. C'est ce qui arriva, pour l'honneur des lettres, à deux écrivains (Ratisbonne et Sauvestre). M. Ratisbonne faillit être mis en pièces. On le sauva en l'arrêtant. L'officier devant lequel il fut conduit entendait le garder... Survint un de nos confrères de la presse bonapartiste qui dit à l'officier : Mais je connais Monsieur, il faut le relâcher. Et le poète fut relâché de suite. » En 1881 l'attention du public fut appelée sur le malheureux écrivain russe Tchernichewski, enseveli dans les mines de la Sibérie : c'était à la suite d'un discours prononcé au Congrès littéraire de Vienne par L. Ratisbonne. Le czar lui-même fut ému et ordonna la révision du procès. Aujourd'hui Tchernichewski est en liberté. Ces actes se passent de commentaires. En 1882 L. Ratisbonne remportait le prix du concours pour un poëme en l'honneur de Rouget de Lisle. L'œuvre couronnée est digne du chantre de la

Marseillaise. Elle figure en tête des *Quatre alsa-*
ciennes: on y sent battre l'âme d'un poête, d'un
républicain, d'un patriote.

Comme candidat député, Ratisbonne a obtenu
20,000 voix sur la même liste qui portait les noms
de Renan et de Berthelot. Il est aujourd'hui bibliothécaire du Sénat. On lui doit encore : *Henri Heine,*
1855, publié d'abord dans la *Revue contemporaine ;*
Impressions littéraires, 1855 ; *Au printemps de la*
vie, 1857, poésies ; *Héro et Léandre,* drame en un
acte et en vers, représenté au Théâtre. français en
1859 ; *Morts et vivants,* 1860 ; *Dernières scènes de*
la Comédie enfantine, 1862 ; les *Figures jeunes,*
poésies, 1865 ; *Auteurs et livres,* 1868 ; *Les petits*
hommes, 1868 ; *Les petites femmes,* 1871, recueil
de scènes en vers avec vignettes comme le précédent et dont le succès a été très grand. Enfin
M. Ratisbonne a publié les œuvres posthumes de
A. de Vigny qui l'avait nommé son exécuteur tes-
tamentaire : les *Destinées,* poêmes philosophiques,
1864 ; le *Journal d'un poête,* 1867.

« Une chose frappe dans les poésies de Louis
Ratisbonne, a dit M. Frémine, c'est d'y trouver
le fond toujours proportionné sinon supérieur à la
forme. Le vers semble moulé sur l'idée. Elle
l'échauffe, le vivifie, l'anime. Certes les ouvriers
habiles, joailliers, orfèvres, enchâsseurs de mots
rares, ne manquent pas : les vrais poêtes se
comptent. »

« M. Ratisbonne, a dit Bignan, a souvent jeté
des idées neuves dans des questions plus d'une
fois posées et même résolues. Ce qui a été déjà
démontré, il le corrobore et le rajeunit par la force
de la logique et par le bonheur du langage. Sa
prose. rapide, claire, précise, a du mouvement, du
coloris, des images ; audacieuse sans bizarrerie
originale, sans excentricité, elle se prête heureuse-

ment aux caprices de son imagination et elle a quelquefois des ailes comme la poésie. » La conclusion de ces jugements ne serait-ce pas un fauteuil à l'académie ?

P. R.

Voy. Bignan, *Variétés littéraires* 1857; Frémine, dans la *Jeune France* 1882.

BŒTZEL, Ernest

BOETZEL, ERNEST

ST né à Saar-Union, le 1er septembre 1830.
Ses parents le destinaient à l'industrie et,
après un brillant concours, il avait obtenu
d'entrer comme boursier à l'Ecole des
arts et métiers de Châlons. Mais ses goûts le
poussaient irrésistiblement vers le dessin et, à peine
âgé de quinze ans, il disait adieu à la maison
paternelle et prenait bravement la route de Paris,
la poche vide, le cœur allègre et la tête débordant
de beaux rêves.

C'était l'époque des premiers succès de la
gravure sur bois. En fondant vers 1830 le *Magasin
pittoresque*, M. Ed. Charton avait tenté de remettre
en faveur cet art tombé dans l'oubli depuis plus
d'un siècle, et y avait réussi. Bœtzel entra dans un
atelier de gravure et suivit assidûment les cours de
l'Ecole de dessin de la rue de l'Ecole de Médecine
et ceux de l'Ecole des Beaux-Arts.

A l'atelier comme au cours, il piochait avec
ardeur, et ses maîtres s'étonnaient de ses progrès
rapides. Par malheur son travail n'était que très
médiocrement rétribué. Vers 1851, grâce à ses
vaillants efforts, il était arrivé à s'associer avec le
graveur chez lequel il était entré, mais à la suite
d'un procès avec ce dernier, procès qu'il gagna, il
prenait la clef des champs et se mettait à travailler
pour son compte.

En 1855, pendant un séjour de quelques mois
qu'il fit à Strasbourg, il créait avec Ch. Lallemand
le *Veilleur de Nuit*, publication rédigée et illustrée

"

par des Alsaciens, où l'on trouve des pages signées Hetzel, Siebecker, Yves, Ch. Dollfus, Ristelhuber, etc.

A quelque temps de là, Ch. Blanc fondait la *Gazette des Beaux-Arts*, qu'il cédait quelques mois après à M. Ed. Houssaye. Houssaye y appela Bœtzel, qui y prit tout de suite une place importante. On sait quel succès obtint cette publication éminemment artistique. Les bois qu'elle donna provoquèrent dans le monde des arts un étonnement général. Un art presque inconnu, que plusieurs générations semblaient avoir dédaigné, venait de renaître puissant, varié, fécond et savant, disputant le succès à la taille-douce et au burin, quelquefois même les dépassant.

Le prix de revient modique de la gravure sur bois l'avait mise en grande faveur auprès des directeurs de publications illustrées. Bœtzel pensa qu'il y avait lieu de la pousser plus haut et plus loin dans la voie de l'art pur. Il crut bon de perpétuer par la gravure les œuvres remarquables qui se produisaient chaque année au Salon, de les réunir en un volume et de créer ainsi un Musée contemporain, un memento de l'art moderne qui permît de retrouver, après des années, de chères œuvres cadelées à tous les coins du monde artistique. Il s'en ouvrit à M. Galichon, qui venait de succéder à M. Houssaye dans la direction de la *Gazette des Beaux-Arts*. M. Galichon mit à la disposition de Bœtzel son crédit et sa bourse et en 1864 paraissait le *Salon*, ouvrage périodique donnant des croquis ou des fragments des meilleures œuvres exposées cette année-là, dessinés par les artistes eux-mêmes. En 1869, Bœtzel fonda l'*Album Bœtzel*, publication qui lui est personnelle et qu'il peut nommer son œuvre.

Les Salons de Bœtzel lui attirèrent la faveur

des amateurs et la considération des artistes. Il avait été nommé une première fois membre du jury en 1869. Pendant cinq ans cette distinction lui fut confirmée. « Bœtzel, a dit M. René Ménard, s'est fait une position exceptionnelle et très militante dans les discussions qui avaient lieu au sujet des réceptions et des récompenses à décerner. Défenseur de l'intérêt de ses confrères les graveurs sur bois, il s'est trouvé en lutte avec les membres du jury, partisans des traditions classiques de la gravure en taille-douce. »

En 1875, un nouveau règlement fit tirer au sort, après un choix préalable de notables, les membres du jury. Bœtzel, que le sort n'avait pas favorisé, put enfin se voir décerner la médaille que sa délicatesse de juré lui avait fait refuser jusque-là.

Bœtzel n'est pas seulement un graveur de premier ordre, c'est un dessinateur, un aqua-fortiste et un peintre. « Il est, dit encore M. Ménard, un des rares graveurs qui peuvent dessiner eux-mêmes les bois qu'ils gravent, et il figure à nos expositions tantôt comme graveur, tantôt comme dessinateur. »

C'est à ce double titre qu'il a attaché son nom au premier *Autographe*, 1865; à l'*Exposition universelle*, 1867, dirigée par Ducuing; au journal *El Americano*, et à l'ouvrage du Dr Jordanet sur les *Altitudes*.

Depuis quelque temps ce talent multiple a inauguré une nouvelle manière : la grande figure au fusain. Son portrait de Bosch le guitariste fut un des événements du Salon de 1875. Il obtint de nouveaux succès dans ce genre avec un Thiers, acquis pour le musée de Mulhouse, et un duc Decazes, œuvre énergique et vivante qui lui a valu de devenir le familier de cet homme d'Etat. Il s'occupe en ce moment d'un portrait de V. Hugo.

Bœtzel a été longtemps l'un des plus amusants

conteurs d'atelier. Il fut un temps où d'une rive à
l'autre de la Seine et du *Buffet germanique* aux dîners
du *Bon-Bock*, on se contait les charges joyeuses
qu'en compagnie de Jundt, Nazon, Français, etc.,
il exécutait chaque jour. Il a cette saine et inoffen-
sive gaîté, cet esprit bon garçon, à la fois naïf et
fin, ce rire épanoui et communicatif qui distinguent
l'enfant de l'Alsace.

Aujourd'hui il vit en famille : l'hiver il habite
un modeste appartement au boulevard de Clichy ;
l'été une maisonnette perdue dans la verdure à
Villiers-sur-Morin, un charmant village de la Brie.

Voy. Gœtschy dans : *Galerie contemporaine ;* R. Ménard, *l'Art
en Alsace-Lorraine.*

ELIE, Jacques-Job

ELIE, Jacques-Job

Énéral, naquit à Wissembourg le 26 novembre 1745. Porte-drapeau dans un régiment d'infanterie (régiment de la Reine), il se fit remarquer le 14 juillet 1789 à l'attaque de la Bastille et s'introduisit le premier dans cette prison d'Etat. Le peuple voulant honorer sa valeur par une espèce de triomphe, l'éleva sur un brancard où il fut couronné et porté au milieu des acclamations publiques. Elie fit des efforts inouïs pour sauver le gouverneur De Launay, mais refusa l'argenterie de la Bastille qui lui était offerte et ne voulut recevoir d'autre récompense de son courage que la grâce de trente-cinq canonniers invalides que la fureur des combattants allait immoler.

Le lendemain 15 juillet, les électeurs de Paris, assemblés à l'Hôtel-de-Ville, offrirent au « brave Elie », comme on l'appelait alors, deux épées d'honneur. Sur la lame on lit :

> Je suis ferme
> Comme une roche
> Pour le salut
> De ma patrie.

Ces deux armes et le portrait d'Elie ont été donnés au Musée de Colmar par le neveu du général, Etienne-François Elie, à Ribeauvillé. En 1793, Elie se trouvant à la tête d'une division à l'entrée des Ardennes, fut défait en avant de Philippeville. En 1797, il commanda la place de Lyon. Il est mort à Varennes (Meuse), le 5 février 1825. En dernier lieu il a commandé comme lieutenant général la division militaire dont faisait partie le département de la Meuse. En 1863, le Conseil général de ce département vota l'organisation, à Bar-le-Duc, d'une galerie de portraits devant renfermer tous les lieutenants généraux qui s'étaient succédé dans ce commandement, et il fut décidé que le portrait du général Elie serait copié sur l'original que possède le Musée de Colmar. Jusqu'à présent ce vote est resté à l'état de vœu platonique.

SOURCES : Stoffel, *Liste des généraux et officiers supérieurs alsaciens ayant servi dans l'armée française*, dans la *Revue d'Alsace* de 1876. — *Catalogue du Musée de Colmar*, 2ᵉ édition, Colmar, 1866, in-16. — Photographie d'après le portrait du Musée.

François-Joseph BLECH

BLECH, François-Joseph

A famille Blech, établie à Mulhouse depuis plus de 300 ans, tire son origine de Landser, jadis chef-lieu de district. Le nom originaire est Plech. De la première branche il est fait mention en 1575, en effet Jacques Blech fit partie de l'armée qui, par suite des atrocités exercées contre les protestants par Henri III, marcha contre ce monarque et, en 1583, on le signale dans la guerre de Casimir comte Palatin contre l'électeur de Cologne.

La branche cadette, encore existante aujourd'hui, reconnaît comme souche de sa race Jean Blech, bailly de Landser. Ferdinand, archiduc d'Autriche, lui conféra la noblesse en 1589.

Le parchemin porte ces mots :

« Nous reconnaissons officiellement par cette « lettre et notifions que nous avons vu, appris et « reconnu le caractère estimable, l'intelligence, les « bonnes mœurs, les vertus et la sagesse qui « honorent notre fidèle Jean Blech, ainsi que les « services constants et dévoués que ses ancêtres, « en sujets fidèles, nous ont rendus dans leurs « notables charges, depuis 200 ans, dans la guerre « et dans la paix, et que Jean Blech, notre bailly « de Landser, nous rend journellement. En vertu « de quoi nous conférons la noblesse à Jean Blech « ainsi qu'à tous ses descendants. »[1] Puis suivent les attributs des armoiries.

François-Joseph Blech naquit le 15 mars 1780 de Frédéric Blech et d'Anne Fries. Son père était

[1] Traduit du *Bürgerbuch* de Nicolas Ehrsam, pages 45 et 46.

de cette souche mulhousienne qui a produit les industriels éminents qui ont fait de la fabrication d'indienne un véritable travail d'art et de goût. Il dirigea sa fabrique avec activité et savoir faire et s'associa dans la suite son fils et ses deux gendres Schlumberger et Ziegler.

Sa mère, après avoir perdu plusieurs enfants de la petite vérole, car Jenner n'avait pas encore fait sa magnifique découverte de la vaccine, reporta sur ce fils toute sa sollicitude et son amour. Femme intelligente et sérieuse, elle lui inculqua de bonne heure des principes sévères et développa sous tous les rapports le cœur et l'esprit de ce fils bien aimé.

Comme jeune homme, Joseph Blech fit un séjour prolongé à Vienne, dans la famille de sa mère, dont le frère, le baron de Fries, se trouvant à la tête d'affaires considérables, lui fournit l'occasion de développer ses connaissances commerciales, et de voir tout ce que la société de l'époque avait de plus cultivé. Après Vienne il parcourut l'Italie et fut volontaire dans la grande maison Wollaston, où il se signala par son initiative et son jugement juste et prompt.

A peine de retour dans sa ville natale, il épousa, le 1er mars 1804, Mlle Marie Schlumberger. L'excellente direction qu'il sut donner aux affaires, son intelligence, sa loyauté sans bornes, sa bienveillance et sa générosité vis-à-vis de ses ouvriers, lui valurent le respect général. Il s'intéressait particulièrement au sort de ses employés et conservait pieusement les vieux serviteurs de la fabrique paternelle malgré leur âge avancé.

Quiconque est dans l'industrie ou le commerce doit s'attendre à des succès et à des revers. Joseph Blech restait calme dans l'un et l'autre cas. Quand les affaires étaient brillantes : « Préparons-nous aux revers », disait-il, aussi lorsque dans une des

plus fortes crises de l'industrie toutes les fortunes
semblaient en jeu, le général Rapp, son ami, lui
écrivait de Paris: « Blech, j'apprends que Mulhouse
« traverse une crise périlleuse, rappelez-vous que
« j'ai un million à votre disposition. » Il avait pris
ses mesures et n'en eut pas besoin; mais il n'ou-
blia jamais cette preuve d'amitié et de confiance.

En politique Joseph Blech était modéré, trouvant
que la passion empêche de voir clair et que tous
les extrêmes sont à éviter. Attaquer et détruire,
disait-il, appartiennent à l'enfance des peuples
comme à celle des individus; l'homme sage aide à
consolider l'édifice gouvernemental et à le perfectionner, sachant que la nation y gagne bien plus
qu'à le renverser. Il tenait fermement à sa religion,
mais il savait respecter celle des autres.

Pendant les terribles années de l'invasion, Joseph
Blech rendit de continuels services à sa ville, tant
par ses conseils que par son influence.

En 1815 l'armée ennemie approchait, venant
de mettre en flammes le village voisin de Riedes-
heim. Il n'hésite pas et va au devant de l'ennemi,
accompagné de deux de ses collègues; il se fait
annoncer comme parlementaire et s'adressant au
commandant autrichien, le baron de Rheinich:
« Notre ville est sans défense, lui dit-il, serait-il
« juste et digne à vous de l'attaquer et de jeter
« l'épouvante dans une population paisible qui ne
« vous a fait aucun mal? » Là-dessus la conversation s'engage. « Mais, d'après votre accent, dit
« le commandant autrichien, vous devez avoir
« habité l'Allemagne ? » Il apprend que son inter-
locuteur a passé une partie de sa jeunesse à Vienne
où sont fixés les membres de la famille de sa mère
et où son grand-oncle, le comte de Fries, avait été
chancelier de Marie-Thérèse. « Mais la famille
« Fries m'est intimement connue ! Allez dire à

« votre ville qu'il ne lui sera fait aucun mal, mais
« qu'elle prépare à la hâte nourriture et logement
« pour recevoir mes troupes. »

En 1817, lors de la disette qui fit souffrir si
cruellement les habitants de Mulhouse, Joseph Blech
ne se borna pas à soulager les affamés, mais il fit
venir du Levant un chargement de farine qu'il fit
débiter au-dessous du prix, ce qui le fit surnommer
par la foule reconnaissante, le boulanger du pauvre.

La maison Blech, hospitalière entre toutes, était
toujours ouverte, non-seulement aux habitants de
Mulhouse, mais encore à tous les étrangers de
distinction, qui y trouvaient le plus large, le plus
aimable accueil. Ainsi, quand le duc d'Angoulême
annonça sa visite, Blech ne voulut pas qu'il fût logé
dans un hôtel et lui adressa l'invitation, qui fut
acceptée, de demeurer chez lui, avec toute sa suite.

Les savants Gay-Lussac, Thénard, Colladon, le
général Rapp, le philanthrope Gérando, Casimir
et Augustin Périer, etc., etc., y firent tour à tour
des séjours. Tous ces hommes distingués, en s'in-
stallant dans ce milieu, y apportaient leurs lumières
et en remportaient le sentiment paisible que produit l'intimité de l'homme de bien, intelligent et
dévoué au sein d'une ville qui l'honore et d'une
famille qui le chérit. Il en fut arraché trop tôt, car
il mourut à l'âge de 56 ans, le 9 décembre 1836.

François-Joseph Blech était chevalier de la
Légion d'honneur. Après sa mort, son établissement industriel passa entre les mains de son fils,
de l'un de ses gendres et d'un de leurs amis, sous
la raison sociale Blech, Steinbach et Mantz, et
devint l'un des plus considérables de l'Alsace.

Photographie d'après un portrait à l'huile appartenant à
M. Joseph Blech.

YVES, Renaud

YVES, Renaud

Avocat, naquit à Colmar, le 14 janvier
1804. Il appartenait à cette génération
de 1830 pour laquelle l'avénement de
Louis-Philippe n'avait été que la dernière
étape de la Révolution et qui a vécu pendant dix-
huit ans dans l'attente de la République. Cependant
il était un homme de sentiment plutôt qu'un esprit
politique, d'un désintéressement dont il fournit la
meilleure preuve en donnant sa démission de
procureur général près la cour d'appel, presque
en même temps que le gouvernement provisoire
l'eût nommé. Une immense majorité l'envoya
siéger à l'Assemblée nationale comme député du
Haut-Rhin ; mais il se trouva dépaysé dans l'in-
cohérence des idées qui troublaient alors les
esprits ; ses votes se ressentirent de son incertitude
et lors des élections de l'assemblée législative, si
accentuées dans les deux départements du Rhin,
il ne fut pas réélu. Il ne garda aucun ressentiment
de ce mécompte en allant défendre devant la cour
d'assises de Besançon, avec son ami Ignace
Chauffour, les hommes qui venaient de diriger le
choix des électeurs et qui s'étaient compromis à
l'occasion de la manifestation de Ledru-Rollin au
conservatoire des arts et métiers.

Sous l'Empire Yves se tint à l'écart, tout en
restant fidèle aux idées libérales de sa jeunesse.
Comme beaucoup d'esprits distingués de son parti,
il applaudit à la défaite de l'Autriche en 1866, qui
lui apparut comme le commencement de la Répu-

blique universelle. Après la guerre de 1870 il s'expatria, mais il avait trop préjugé de ses forces et, après une courte absence, il revint à Colmar, pour terminer ses jours où avait été son berceau. Il est mort le 5 juillet 1884, laissant le souvenir d'un parfait galant homme et d'une droiture qui faisait de lui l'honneur du barreau et l'exemple de ses jeunes confrères.

Rien n'égalait la sûreté et l'agrément de son commerce. Il était homme d'esprit autant que de cœur. Son enjouement ne s'est pas démenti à l'approche de la mort. Lors de la dernière visite qu'il fit à son cercle il parla philosophiquement de son prochain départ et demanda à ceux qui l'entouraient leurs commissions pour l'autre monde. Tout était facile chez lui, sa conversation, ses plaidoyers, son érudition qui fut étendue et les vers qu'il tournait à l'occasion sur les formes un peu démodées des poëtes de sa jeunesse[1]. On lui doit aussi le texte des *Vues pittoresques* de Roth-müller, Colmar, 1836 in-4°.

---

[1] Voy. l'*Eloge du célibat*, dialogue en vers, Colmar, 1860 in-8°, traduit en dialecte de Colmar par Mangold, Colmar 1860 in-8°; *Anecdote littéraire* dans la *Revue d'Alsace* 1883 p. 123. La pièce: *A l'Imortalité, Revue d'Alsace* de 1864, ne manque pas d'élévation.

KABLÉ, Jacques

KABLÉ, Jacques

ÉPUTÉ de la ville de Strasbourg au Reichstag allemand, est né à Brumath, le 7 mai 1830. Après avoir étudié le droit, il se fit inscrire comme avocat au barreau du tribunal civil de Strasbourg pour s'occuper ensuite pendant quelques années d'affaires commerciales en Angleterre. Plus tard il revint à Strasbourg en qualité de directeur de la compagnie d'assurances le *Phénix*, dont il conserva la direction jusqu'au moment de l'interdiction des entreprises françaises d'assurances en Alsace-Lorraine par un arrêt dictatorial du maréchal de Manteuffel, en date du 11 mars 1881. Tout en s'occupant avec succès de son entreprise d'assurance, il prit une part active aux efforts tentés dans le pays pour la fondation et le développement de banques populaires, ainsi qu'à l'administration municipale de Strasbourg où il remplit les fonctions d'adjoint au maire, dans des circonstances particulièrement difficiles. Attaché aux idées républicaines avec une conviction sincère, nous l'avons vu combattre au sein des comités libéraux les candidatures officielles aux élections législatives sous l'Empire français. Toujours prêt à payer de sa personne, à se dévouer à la chose publique avec une entière abnégation, il organisa pendant le siège de Strasbourg par les Allemands le comité de secours aux blessés, dont il fut président, de même qu'il a présidé depuis le comité de secours aux inondés de l'Alsace-Lorraine lors des débordements de l'hiver dernier. A la suite de la déchéance de

Napoléon III, aux élections de février 1871, les électeurs du département du Bas-Rhin le choisirent pour les représenter à l'Assemblée nationale française de Bordeaux, où il a signé l'acte de protestation contre l'annexion de l'Alsace-Lorraine à l'Allemagne. Depuis la ville de Strasbourg l'a encore élu au Reichstag allemand pour y remplacer un député devenu autonomiste et pour protester à sa place contre le traité de Francfort.

Comme homme politique, le représentant actuel de la ville de Strasbourg est le chef attitré du parti de la protestation, non pas de la protestation passive et du laisser-faire, mais de la protestation agissante, qui, tout en revendiquant pour l'Alsace-Lorraine le droit de disposer de sa nationalité, implique une participation effective aux affaires du pays dans la mesure des besoins de chaque jour. De là la devise de *Protestation et Action*, devenue l'expression d'un programme parlementaire fort mal interprété dans les cercles officiels et dans lequel on a voulu montrer une sorte de cri de guerre contre l'ordre établi. Rien de moins fondé cependant que cette interprétation que ne justifie aucun fait positif. Dans la pensée de M. Kablé, le mot *action* ne signifie pas une attaque violente ou permanente, ouverte ou cachée contre le régime imposé au pays, mais bien la défense de ses intérêts moraux ou matériels dans toute l'étendue de ses droits. Personne ne l'a oublié, après l'acte de protestation solennellement exprimé au Reichstag en 1874 par la députation de l'Alsace-Lorraine, la première fois que le pays fut appelé à envoyer des représentants dans cette assemblée, la plupart de ceux-ci se sont retirés pour ne plus reparaître, alléguant la raison que tout effort, toute démarche pour améliorer la situation faite au pays ne servirait à rien. Tel ne fut jamais l'avis de M. Kablé.

Tout en affirmant le droit et le devoir pour les députés de l'Alsace-Lorraine de protester contre l'annexion et de réserver pour le pays le droit de disposer de ses destinées, il avait un sentiment trop vif des besoins de la population pour ne pas proclamer en même temps la nécessité de ne pas abandonner au gré du gouvernement la gestion des affaires publiques. A son avis, non-seulement le vote du budget particulier de l'Alsace-Lorraine et les lois propres au pays devaient être soumis à une assemblée législative exclusivement alsacienne issue du suffrage universel direct, mais les députés alsaciens-lorrains au Reichstag ne pouvaient pas se dispenser, sans grave préjudice, d'intervenir même pour les lois générales communes à tout l'Empire au même titre que les mandataires des autres Etats allemands.

Aussi bien les actes de M. Kablé, ses votes et ses discours répondent à ses circulaires et à ses manifestes. « Si les premiers députés élus après l'annexion, a-t-il dit plus d'une fois, se sont retirés après avoir protesté, c'était leur droit et leur devoir d'agir ainsi, car ils n'avaient pas reçu d'autre mandat de leurs électeurs. On ne parle pas d'affaires dans une maison en deuil, et l'homme est ainsi fait que les deuils publics l'affectent plus profondément que les deuils individuels. Pourtant, du moment où la perspective d'une révision du traité de Francfort manque, le parti de la protestation est tenu de compter avec la situation. Un pays pas plus qu'un individu ne vit de politique abstraite. Les directeurs d'un parti, pour légitimer leur autorité et leur influence, sont tenus de s'occuper des besoins, des intérêts, des souffrances de la population qu'ils représentent. Pour le parti de la protestation, l'obstination dans l'abstention équivaudrait au suicide, en sorte que le principe dont ils ont accepté le dépôt commande à ses chefs de faire taire leur répugnance et de participer avec le gouvernement à l'administration des affaires publiques. »

Sacrifier à tout moment à l'intérêt public ses préférences ou ses avantages personnels, telle restera toujours la règle de conduite d'un esprit vraiment libéral et d'un noble cœur soucieux du bien de son pays. Dans sa carrière parlementaire, M. Kablé s'est constamment inspiré de cette règle. Au Reichstag, son principal effort a porté sur l'abrogation de la dictature et le rétablissement de la liberté de la presse, sans négliger d'ailleurs les questions plus secondaires, prenant la parole pour réclamer le remboursement des frais exagérés imposés à la caisse du pays pour l'administration des douanes de l'Empire, pour combattre l'augmentation de l'impôt sur la bière, aussi bien et avec une égale compétence que pour réclamer le rétablissement d'un conseil municipal à Strasbourg, la diminution des dépenses militaires ou la levée de l'état de siége en Alsace-Lorraine. Pourtant, de toutes les motions qu'il a présentées sous son nom personnel ou auxquelles il a prêté l'appui de son autorité, aucune n'a soulevé autant de polémiques passionnées que sa proposition pour l'abrogation de la dictature. Déjà lors des débats engagés à propos du transfert à Strasbourg du gouvernement de l'Alsace-Lorraine, M. Kablé fit valoir, dans un long discours prononcé à la séance du 13 juin 1879, tous les arguments qui militent contre le maintien de l'état de siége. Comme effet pratique, cette discussion aboutit tout au moins à un relâchement de rigueur contre la presse et plusieurs journaux nouveaux purent être fondés, afin d'exprimer les vues des partis d'opposition jusqu'alors complètement réduits au silence.   C. G.

ANT. MEYER, PHOTOG. COLMAR

DÉPOSÉ

ROHAN, Armand-Gaston

ROHAN

ARMAND-GASTON-MAXIMILIEN DE

ARDINAL, né le 26 juin 1674 à Paris, fut nommé chanoine de Strasbourg en 1690 et choisi pour coadjuteur du prince-évêque Egon de Fürstenberg le 30 avril 1701 avec le titre d'évêque de Tibériade *in partibus*. Titulaire du siége par le décès de ce prélat le 10 avril 1704, il fit son entrée dans sa ville cathédrale le 5 juin 1705.

Le 22 novembre suivant, il sacra François Blouet de Camilly, vicaire-général et official de Strasbourg, que le roi avait nommé à l'évêché de Toul. Ce sacre se fit avec beaucoup de solennité. Six abbés en habits pontificaux et en mitre, le clergé séculier et régulier de la ville sacerdotalement habillés, assistèrent à cette cérémonie, ainsi que l'état-major et les corps du magistrat et de la noblesse.

Clément XI éleva l'évêque de Strasbourg à la dignité cardinalice le 18 mai 1712. Le 7 juin 1713 le cardinal fut déclaré grand-aumônier de France à la place du cardinal de Forbin-Janson. Il fut successivement pourvu des abbayes de Foigny, de la Chaise-Dieu et de Saint-Wast d'Arras. Dès 1701, il figurait en tête de la liste des membres honoraires dans l'établissement définitif de l'Académie des Inscriptions. Le 30 juin 1703 il fut élu à l'Académie française. Une de ses principales préoccupations était d'entretenir des relations avec les savants : toujours il protégea, encouragea, suscita même leurs travaux. Il aimait à les entendre, à discuter avec eux, à leur poser des objections, à proposer à leurs recherches des objets nouveaux ou curieux.

En 1701 il acheta la bibliothèque de Thou et devant ses rayons se tinrent bientôt des conférences périodiques où dom Calmet, dom Montfaucon, le père Tournemine et les plus célèbres littérateurs du temps se réunissaient à jour fixe pour s'entretenir sur des matières de critique et d'histoire. Montesquieu ne dédaigna pas d'y paraître. Armand-Gaston présidait quelquefois ces assemblées.

Il fit plus encore, car il ouvrit libéralement sa bibliothèque, à toute heure, à tous les savants et spécialement aux ecclésiastiques qui avaient besoin d'y consulter quelque ouvrage. Les gens de lettres n'avaient pas seulement la liberté d'emporter et de garder les livres à loisir ; s'ils en demandaient qui ne fussent pas dans la bibliothèque, on les achetait sur-le-champ pour leur en procurer la lecture. Le zèle du bibliothécaire secondait de si louables dispositions. L'abbé Oliva satisfaisait en les suivant son goût pour les lettres. C'est à ses soins et à la libéralité du cardinal que le public doit l'édition de plusieurs lettres du Pogge, et de son traité *sur les vicissitudes de la Fortune*, ouvrage curieux dont le manuscrit appartenait au cardinal Ottoboni. Ce morceau, que le cardinal fit imprimer à ses frais, parut en 1723 sous ses auspices. C'est une sorte d'hommage qu'il reçut plus d'une fois : de tous les ouvrages qui lui furent dédiés, nous ne citerons que le *Thesaurus anecdotorum*, de Martenne, les *Antiquités de l'église d'Espagne* et la traduction italienne des *Mémoires de l'Académie des Inscriptions*.

Il avait deux autres bibliothèques dont il était plus souvent à portée de jouir, l'une à Strasbourg et l'autre à Saverne. En effet Strasbourg et Saverne ont été les lieux de sa résidence ordinaire, et c'est là surtout qu'il était affable avec noblesse, magnifique avec économie, zélé sans intolérance, modéré sans

faiblesse. On le vit soutenir la dignité de son siége
avec une fermeté qui lui mérita la considération
de toute l'Allemagne, corriger les abus, rendre
au service divin la majestueuse décence qui le
caractérise, rétablir dans son diocèse l'ordre et la
tranquillité, ménager les prétentions de la réforme
en conservant avec vigueur les droits du catholi-
cisme et n'employer pour ramener les protestants
que la douceur et la raison.

Le cardinal placé sur la plus importante de nos
frontières, entre deux peuples puissants et rivaux,
semblait être chargé de représenter la France
auprès de l'Allemagne. La beauté de ses jardins
et de ses palais, ornés par tous les arts, donnait
une haute idée de notre goût. Il faisait des présents
aux princes de l'Empire et en recevait d'eux. Les
princes de Waldeck, de Bade, de Darmstadt et
de Deux-Ponts venaient faire séjour chez lui.
L'Electeur de Cologne lui rendit visite en 1739 et
trouva Saverne au-dessus de sa réputation.

Cette estime dont il jouissait ne se bornait pas
à des démonstrations vagues et passagères. Il sut
s'en servir pour remettre son siége en possession
de ses plus beaux droits. En 1721 il obtint de
l'Empereur l'investiture des Etats que l'évêché de
Strasbourg possédait en Allemagne et, reconnu
par cette cérémonie membre de l'Empire, il reprit
dans la Diète une séance dont les deux évêques
précédents n'avaient pas joui. Bienfaisante et libé-
rale, sa magnificence alliait les dehors de la représentation avec le soulagement des malheureux;
elle entretenait les arts et l'industrie, elle répandait
dans l'Alsace l'abondance et la joie. Les ecclésiastiques, les militaires, les gens de lettres étaient
admis à sa table et logés dans son palais, lorsqu'ils
voulaient y faire quelque séjour. Il suffisait de lui
être présenté pour y demeurer aussi longtemps

que la nécessité des affaires, le charme des lieux, ceux de la société pouvaient y retenir. Les soldats ennemis retenus prisonniers pendant la guerre aux environs de Strasbourg ressentirent aussi les effets de sa compassion : hommes, femmes, enfants, il les fit venir dans son palais et les consola par des secours de toute espèce.

Le 9 juin 1721, le cardinal, assisté de l'évêque de Nantes et de Massillon, avait sacré Dubois archevêque de Cambrai dans l'église du Val-de-Grâce ; les biographes le lui ont reproché, mais M. de Seilhac a démontré que la jalousie des contemporains avait eu la plus grande part dans la mauvaise réputation du précepteur du régent et que ses défauts avaient été fort exagérés. Le 15 août 1725 se fit dans la cathédrale le mariage de Louis XV, représenté par le duc d'Orléans, avec la princesse Marie, fille de Stanislas Leczinski, roi de Pologne, et de Catherine Opalinska. Le cardinal avait célébré les fiançailles la veille dans l'hôtel du gouvernement, rue du Dragon. Le 15, vers les 11 heures, le cardinal reçut la princesse à la porte de l'église, dans le chœur il prononça un discours solide et éloquent qui dura près de six minutes.

Lorsque Louis XV lui-même fit son entrée le 5 octobre 1744, il fut reçu devant le portail par le cardinal, qui avait à sa droite le prince de Soubise, son coadjuteur, et à sa gauche son suffragant, l'évêque d'Uranople. S. A. E. fit un très beau discours qui dura de quatre à cinq minutes. Louis XV, la veille de son départ, écrivit à Mme de Rohan-Ventadour : « ce qui me fait plus de plaisir que tout, c'est l'affection que les peuples et les grands me témoignent : ils sont aussi bons Français que mes plus anciennes provinces. » Le cardinal mourut à Paris à l'*Hôtel Cardinal*, le 19 juillet 1749, il avait soixante-quinze ans et un mois.

HUMANN, Jean-Georges

HUMANN, Jean-Georges

[Library stamp]

INANCIER, est né à Strasbourg, le 6 août 1780, de parents peu aisés, mais qui ennoblissaient, par la pratique du bien, l'humilité de leur situation sociale. Son père joignait à un fort mince patrimoine un modeste emploi municipal, c'étaient là toutes ses ressources pour élever une nombreuse famille : il n'eut pas moins de sept enfants. L'aîné, une fille, à laquelle son père, soit hasard, soit manque d'autres livres, apprit à lire dans un traité d'astronomie et qui, ayant peut-être contracté dans cette lecture son goût pour les sciences exactes y fit d'étonnants progrès, joignit à cette étude celle des langues anciennes et modernes et se donna une instruction toute virile, qui lui permit de devenir la conseillère de l'abbé Bautain. Deux fils occupèrent à Mayence des positions distinguées, l'un dans le commerce, l'autre dans la cléricature ; ce dernier mourut évêque de Mayence.

Peut-être Jean-Georges se serait-il consacré à la même carrière, mais la révolution arrivait à grands pas, les séminaires se fermèrent, les prêtres étaient persécutés, il fallait vivre, Humann entra en qualité d'apprenti dans une manufacture de tabacs, il avait quatorze ans. Il ne tarda pas à entreprendre des affaires pour son propre compte et à dix-neuf ans il se maria, malheureusement au bout d'un an sa femme mourut avec l'enfant qu'elle venait de mettre au monde. Deux ans après, en 1802, sa belle-mère elle-même s'employa à le remarier et il s'allia à une honorable famille du Palatinat.

Il commençait à acquérir assez d'importance pour pressentir qu'un rôle public pourrait un jour lui échoir, et pour se préparer à le remplir dignement, il entreprit de continuer seul, par lui-même, une éducation interrompue trop tôt. Il eut ce rare courage, dont parle Pascal, de pouvoir rester seul avec lui-même entre les quatre murailles d'une chambre. Il s'instruisit dans le silence, par ses lectures et ses exercices. Il ne possédait pas les langues anciennes, ce qui ne l'empêcha pas de connaître à fond les auteurs de l'antiquité. Doué d'une mémoire merveilleuse, qu'il conserva toujours, dès qu'un passage le frappait dans ses lectures, il le relisait une seconde fois et le gravait dans sa tête d'une manière ineffaçable. Il eût pu réciter des vies entières de Plutarque. Il commenta pour lui-même l'Ecriture sainte et il garda de cette initiation de son intelligence à la beauté et à la grandeur des textes sacrés quelque chose de leur force concise et de leur élévation. Une autre influence dont l'empreinte s'est conservée dans les idées de M. Humann est celle de J.-J. Rousseau. Les premiers discours de notre compatriote révèlent le modèle aimé, le maître de prédilection qui l'inspira. Plus d'un passage de son discours de 1821 sur les pensions ecclésiastiques témoigne de cette influence.

Vingt années s'écoulèrent dans des travaux variés. Ayant pris place parmi les notabilités commerciales de Strasbourg, il fut nommé presque au même moment membre de la chambre de commerce et administrateur des hôpitaux. La gestion des établissements de bienfaisance était à réformer. Le désordre régnait dans leur comptabilité, ils avaient des dettes et point de crédit; leurs revenus étaient doublement compromis, d'une part par une coalition qui s'opposait à une juste augmentation du prix des fermages, de l'autre par le bas prix auquel se vendaient les grains provenant des redevances. Avec Humann une volonté ferme et persévérante entra dans cette administration et remplaça l'incurie et la faiblesse. Les baux furent relevés, les grains vendus à des cours plus avantageux, les revenus se rétablirent, les dettes s'acquittèrent, l'ordre reparut dans les écritures, et cela sans secousses, sans mesure de rigueur, sans éclat, par la puissance d'une forte volonté.

Survinrent les années de disette (1816-1817) qui ont laissé un si terrible retentissement dans le souvenir de l'Alsace. Humann chercha à remédier au mal en se mettant à la tête d'un comité des subsistances, qui fit venir des grains de la Baltique et les livra de préférence aux pauvres. C'était un acte de prévoyante charité, même de courage, car dans ces moments de crise, le libre commerce assume le soupçon de spéculer sur la misère publique.

En 1818 l'Alsace réclamait : 1° le transit des denrées coloniales ; 2° la création d'un entrepôt à Strasbourg ; 3° l'importation de ces mêmes denrées par la frontière de l'Est ; 4° la suppression du monopole du tabac. Humann fut nommé chef de la députation du commerce, chargée de présenter ces demandes, dont deux furent accordées : le transit et l'entrepôt.

Peu après il s'acquit de nouveaux droits à la reconnaissance de ses concitoyens en engageant son crédit et ses capitaux dans une entreprise qui intéressait vivement les départements de l'Est. Il s'agissait de l'achèvement du canal du Rhône-au-Rhin. Il soumissionna le prêt des fonds qui étaient présumés suffisants pour achever le canal. En même temps il discerna que le gouvernement commettait une grande faute en engageant à long

terme les tarifs des droits de navigation et exigea
que le tarif applicable fût réduit de moitié. Ainsi il
facilitait l'exécution d'une voie de navigation utile
et il diminuait la charge de ceux qui auraient un
jour à l'employer. Il y avait là un double service
rendu à ses concitoyens, qui ne tardèrent pas à
lui donner une double marque de confiance en le
nommant membre du Conseil général du commerce
et en le choisissant pour député (13 novembre
1820).

Dès la première session il sut se faire apprécier
par l'autorité de sa parole et la rigueur de son
raisonnement. Le 23 janvier 1822 il lut un discours écrit à l'occasion du projet de loi sur la
répression des délits de presse. « La France de
89, disait-il, voulait ce qu'elle veut encore: l'égalité des droits, la libre contradiction des actes de
l'autorité, la liberté de la presse, qui est aux
différents pouvoirs politiques ce que la publicité
des débats est au pouvoir judiciaire. » L'attitude
indépendante de Humann ne fut pas sans danger
pour lui; lors du renouvellement de la Chambre
(novembre 1827) il ne fut pas réélu, mais trois
mois après les électeurs de Villefranche (Aveyron)
réparèrent cette erreur. Signataire de l'adresse
qui amena la dissolution de la Chambre en 1830,
il remplaça en 1832 le baron Louis au ministère
des finances et dirigea cette administration jusqu'au
11 janvier 1836. Nommé pair de France l'année
suivante, il rentra aux affaires avec le cabinet du
29 octobre 1840. Il y avait à couvrir le déficit de
plusieurs années, à pourvoir à de grandes dépenses
militaires et civiles; l'agitation provoquée dans les
départements par les partis mécontents ne lui
permit pas d'exécuter toutes ses opérations, les dépenses nécessitées par la construction des grandes
lignes ferrées lui enlevèrent l'espoir de rétablir

l'équilibre. Néanmoins le recensement de la propriété immobilière, qu'il avait ordonné en vue
d'accroître les revenus, révéla l'existence de cinq
cent quarante mille propriétés qui ne payaient pas
l'impôt.

Le 25 avril 1842 il était assis devant son
bureau, la plume à la main, écrivant des notes sur
la situation générale des finances, lorsque la rup-
ture d'un anévrisme mit subitement fin à sa vie.
Les funérailles furent célébrées à Paris le 30 avril,
un des cordons du corbillard était tenu par M. de
Schauenburg, député du Bas-Rhin. Le 3 mai
eurent lieu les funérailles à Strasbourg, le cercueil
fut transporté au cimetière Sainte-Hélène où
M. Sengenwald, membre du Conseil général, et
M. Schutzenberger, maire, célébrèrent les éminentes qualités du défunt. Le maire récapitula
toute la carrière de Humann et classa ce nom
à côté de ceux de Turgot et de Necker. M. de
Schauenburg s'était rendu, avec la députation du
Bas-Rhin, auprès de la famille et avait dit que la
France regretterait longtemps l'homme d'Etat que
le pouvoir venait chercher dans les temps difficiles
et que son patriotisme seul décidait à en accepter
le fardeau.   P. R.

SOURCES : D'Argout, *Eloge*, 1843 ; Perraud de Thoury,
Panthéon universel, 1859 : Spach, *Notice*, (extraite de l'*Impartial
du Rhin*), in-8° ; Notice manuscrite.

MEYER, Bernard

MEYER, Bernard

Né le 29 avril 1830 à Uffholz (Haut-Rhin), se voua d'abord à l'enseignement et il était instituteur à Soultzbach (Haut-Rhin) lorsqu'il se décida à quitter cette carrière et à entrer dans l'administration des télégraphes. Il débuta à Mulhouse le 1ᵉʳ juin 1858. En 1861 il gérait le bureau télégraphique de Plombières (Vosges).

Dès 1859 il eut la pensée de remplacer l'appareil Morse par un appareil autographique pour reproduire à distance, non des signaux, mais l'écriture même de l'expéditeur. Toutefois ses essais furent lents, car, comme le disait souvent Meyer avec regret, il ne savait manier aucun outil et était obligé de confier à d'autres l'exécution de ses idées. C'est en 1861 qu'il imagina pour son récepteur un cylindre portant une nervure hélicoïdale d'une longueur égale au développement de la circonférence du cylindre transmetteur; cette nervure, frottant constamment contre un tampon imbibé d'encre, tourne au-dessus d'une bande de papier dont le mouvement de bas en haut est commandé par l'armature d'un électro-aimant. Chaque émission de courant a pour effet de mettre la bande de papier en contact avec l'hélice humectée d'encre et de reproduire à l'aide de hachures très rapprochées la dépêche du départ.

C'est précisément cette hélice qui distingue l'appareil Meyer de tous les autres appareils autographiques et qui en constitue l'originalité.

Appelée à se prononcer sur la valeur de ce système, comparé aux appareils autographiques de MM. Lenoir et Dutertre, la commission de perfectionnement de l'Administration des télégraphes résuma ainsi son travail : « Sous le triple rapport de la régularité du synchronisme, de la sûreté et de la netteté de la reproduction de la dépêche et de la vitesse de transmission, l'appareil de M. Meyer est très supérieur aux deux autres. »

Ce n'est pourtant qu'en 1869 que, grâce à un relais spécial inventé par Meyer, son appareil autographique put faire un service régulier sur les longues lignes, notamment entre Paris et Lyon, en remplacement de l'appareil Casella. Il fonctionna avec succès jusqu'en 1870 après la déclaration de guerre et ne fut plus remis en service depuis. Le public, du reste, tenant moins à l'authenticité qu'à la vitesse de la transmission, il n'y avait aucune raison de maintenir l'usage courant d'un appareil qui ne remplissait pas le but cherché.

Cet appareil valut à Meyer la médaille d'or de l'association scientifique de France et la croix de chevalier de la Légion d'honneur.

Meyer ne s'en tint pas là. Le 26 octobre 1871 il prit un brevet pour un appareil à transmissions multiples.

Cet appareil a pour but la transmission par le même fil et sans composition préalable, de plusieurs dépêches dans le même temps ; ou, pour être plus exact, d'utiliser les intervalles pendant lesquels le fil reste libre dans une transmission, pour effectuer l'envoi d'autres signaux de même nature. L'organe essentiel de cet appareil est encore l'hélice servant à l'impression des signaux.

Les deux appareils placés aux extrémités de la ligne marchent synchroniquement. Chacun d'eux est muni d'un distributeur ou disque, divisé en 4 ou 6

secteurs égaux, suivant que l'appareil doit servir à
4 ou à 6 transmissions. Sur chacun des disques
frotte une aiguille communiquant sur son axe avec
la ligne. Chaque secteur est, au départ, en relation
avec un clavier et à l'arrivée avec un récepteur. Si
les deux aiguilles des distributeurs partent en
même temps d'un même point correspondant, les
six transmetteurs se trouvent successivement en
relation avec les six récepteurs correspondants et,
par suite, les signaux émis sont reçus exactement
par les appareils auxquels ils sont destinés. Chaque
clavier transmetteur a 8 touches; selon la touche
qu'on abaisse, les courants émis sont de courte ou
de longue durée.

Chaque récepteur se compose d'un cylindre
portant en saillie un quart ou un sixième d'hélice
encrée par un tampon. Les 4 ou 6 cylindres sont
disposés de telle façon que, placés bout à bout,
ils forment une hélice complète. Une bande de
papier glissant sur un chassis que porte la palette
d'un électro-aimant est amenée, sous l'action du
courant, au contact de l'hélice qui y trace dans le
sens transversal un trait ou un point de l'alphabet
Morse.

Pour préparer le signal à envoyer, chaque employé dispose des trois quarts ou des cinq sixièmes
de la révolution de l'aiguille sur le distributeur;
mais ce signal n'est envoyé sur la ligne et imprimé
à l'arrivée que pendant le quart ou le sixième de
tour de cette aiguille, juste au moment où les
deux appareils considérés se trouvent en relation.
Un petit marteau frappant sur une enclume indique
à l'employé le moment où il doit abaisser les
touches de son clavier.

Pour utiliser cet appareil sur les longues lignes,
il est aussi besoin d'employer le relais spécial
mentionné plus haut. Sur le fil de Paris à Lyon

on obtient facilement, avec cet appareil, 150 dépêches à l'heure.

Ces appareils ont figuré à toutes les expositions et ont valu à Meyer les plus hautes récompenses et des distinctions honorifiques. Presque toutes les administrations étrangères, reconnaissant la valeur pratique de ces deux appareils, en firent l'acquisition pour leur service intérieur; l'un d'eux, l'appareil à transmissions multiples, a même inspiré à l'étranger d'autres inventeurs.

La fortune souriait donc à Meyer; aussi, aspirant au repos, il ne voulut pas attendre le temps révolu pour faire valoir ses droits à la retraite; il aima mieux donner sa démission. Le ministre des postes et télégraphes ne l'accepta point et accorda à Meyer une retraite proportionnelle dont il ne jouit pas longtemps. En effet, il mourut à Malzéville le 25 juillet 1884 dans sa cinquante-cinquième année, laissant le souvenir d'un homme de bien et d'une nature d'élite.

LEFÉBURE, Albert-Léon

LEFÉBURE, Albert-Léon

Ancien député du Haut-Rhin et sous-secrétaire d'Etat au ministère des finances, est né au Logelbach, près Colmar, le 31 mars 1838. Son père, M. Eugène Lefébure, appartenait à une ancienne famille originaire de Normandie, dont on retrouve dans le passé plusieurs membres occupant des fonctions publiques ou siégeant au Parlement de Rouen. Il était venu se fixer en Alsace, après avoir épousé la fille aînée de M. Herzog, du Logelbach, l'un des créateurs de notre industrie alsacienne et l'un des hommes les plus justement honorés de notre province. Membre et vice-président du Conseil général du Haut-Rhin, député de Colmar au Corps législatif, M. Eugène Lefébure est mort en 1874, à Orbey, où sa mémoire est restée chère à la population.

M. Léon Lefébure fit avec succès son droit à la Faculté de Paris. De bonne heure, il éprouva le goût des voyages et des études d'économie sociale. La *Revue contemporaine*, l'*Economiste français* et différents autres recueils publièrent, dès 1862, plusieurs de ses travaux qui furent remarqués. Après le rétablissement du concours pour l'admission au Conseil d'Etat, reçu auditeur, en 1864, il appartint successivement aux sections du contentieux et des finances. Un travail persévérant, uni à de rares aptitudes et à un caractère éminemment sympathique ne devaient pas tarder à le faire distinguer.

A la suite de différentes publications sur la colonisation de l'Algérie, qu'il avait visitée une première fois avec son oncle, M. Antoine Herzog, si connu dans le monde industriel, pour se rendre compte de l'avenir de cette importante région, il lui fut offert au sein du Conseil général d'Oran un siége qu'il accepta, afin de pouvoir étudier plus à fond les questions algériennes.

Lors de l'enquête agricole de 1866, il fut nommé secrétaire de la commission chargée de cette opération dans nos deux départements du Rhin. Le rapport très remarquable, publié sous le titre d'*Etude sur l'économie rurale de l'Alsace*, en collaboration avec M. Tisserand, président de la commission et aujourd'hui directeur général au ministère de l'agriculture, montre avec quel soin il remplit sa laborieuse mission. Son livre, qui fait autorité, sera toujours utilement consulté par tous ceux qu'intéressent les questions agricoles et la vie rurale dans notre contrée.

Détaché momentanément du Conseil d'Etat, en 1867, sur la demande de M. Le Play, commissaire général de l'Exposition universelle, M. Lefébure remplit les fonctions de secrétaire du jury spécial chargé du rapport sur la condition morale et matérielle des ouvriers. Les services qu'il rendit à cette occasion lui valurent la croix de la Légion d'honneur et de nombreuses distinctions honorifiques de la part des souverains étrangers.

A la même époque, il fut élu membre du Conseil général du Haut-Rhin, dont il devint bientôt le secrétaire, et deux années après, la circonscription de Colmar le choisit pour son représentant au Corps législatif. Ses votes comme député n'ont pas démenti l'indépendance de son programme comme candidat. Il est resté fidèlement attaché à sa liberté aussi bien qu'à sa foi religieuse.

Il débuta à la Chambre par un discours sur l'Algérie qui eut du retentissement. Secrétaire de

la commission d'enquête sur le régime économique
en France, il fut chargé, bien qu'il eût pour con-
current un ancien ministre, M. de Forcade, de faire
le rapport sur les admissions temporaires, le seul
que la commission trouva le temps de présenter
avant la guerre de 1870. Après avoir servi dans
un corps franc, devenu le 13ᵉ bataillon de la garde
mobile du Haut-Rhin, il opta pour la nationalité
française. Le 2 juillet 1871, il fut élu par 108,000
voix député de Paris à l'Assemblée nationale.
C'était un témoignage de touchante sympathie
donné à l'Alsace en sa personne, mais c'était aussi
un hommage rendu à la valeur personnelle et à la
réputation de l'élu.

A l'Assemblée nationale, M. Lefébure a fait
partie de nombreuses et importantes commissions :
il a été membre et secrétaire de la commission du
budget, des commissions d'enquête parlementaire
sur les conditions du travail en France, sur le
régime pénitentiaire. Nous signalerons, parmi les
rapports dont il a été chargé, le rapport sur l'Union
générale des postes, qui a été le point de départ
des réformes accomplies depuis.

Dans le courant de l'année 1873, il fut nommé
membre du conseil supérieur du commerce, de
l'agriculture et de l'industrie. Au mois de novembre
de la même année, le brillant et laborieux député
alsacien fut appelé à remplir les fonctions de sous-
secrétaire d'Etat au ministère des finances et prit,
en cette qualité, une part active à la discussion
du budget de 1874. Président de la commission
instituée au ministère des affaires étrangères pour
l'examen des réformes à introduire dans la comptabilité des chancelleries diplomatiques et consu-
laires, M. Lefébure fut chargé par ses collègues
de présenter le rapport qui a servi de base aux
modifications introduites dans ce service. Ses succès

comme homme d'Etat furent troublés pourtant par des afflictions domestiques. Une longue maladie de sa femme, maladie dont le dénouement fut cruel, l'ayant retenu dans le midi, il refusa de se représenter en 1876 aux suffrages des électeurs du VIIIe arrondissement de Paris, où lui avait été offerte une candidature dont le succès paraissait assuré.

Il s'est tenu depuis lors à l'écart des compétitions politiques, s'occupant d'études sociales, de philosophie et d'œuvres charitables auxquelles il consacre une grande partie de son temps et de ses revenus. Tout particulièrement la réforme pénitentiaire fixa son attention. Membre du Conseil supérieur des prisons, il fut désigné avec un de ses collègues, M. Desportes, pour représenter cette assemblée au congrès pénitentiaire réuni à Stockholm en 1877. Après avoir participé avec éclat aux travaux du congrès, il publia, avec la collaboration de M. Desportes, un livre intitulé *la Science pénitentiaire au Congrès de Stockholm*, qui a obtenu les suffrages de l'Académie française, dont le secrétaire perpétuel, M. Camille Doucet, dit dans son rapport annuel : « Cette œuvre mérite d'être placée au premier rang comme œuvre de science, de justice et de charité sociale, animée de l'esprit le plus libéral et le plus sage. » (Concours de 1881, p. 17.)

Les travaux littéraires de M. Lefébure, publiés dans des revues ou sous forme de livres, sont nombreux. Outre ceux que nous avons déjà mentionnés, signalons encore *L'Allemagne nouvelle* (in-8°, Paris, 1872), volume écrit à la suite de séjours prolongés dans les pays d'outre-Rhin. Viennent ensuite ses études sur *Les institutions rurales de l'Alsace au moyen-âge*, sur *La condition actuelle de l'ouvrier*, sur *Les premiers siècles chrétiens dans les écrits des Pères*, sur *Les Apologistes du IIe siècle*, sur *La situation* *des Etudes philosophiques en France*, etc., toutes également intéressantes à des titres divers.

Homme d'action autant que de doctrine, l'auteur a toujours pensé que les classes supérieures avaient charge d'âmes. Aussi les œuvres destinées à développer l'instruction populaire et à améliorer la condition de l'ouvrier ont-elles de tout temps excité la sollicitude de M. Lefébure. Personne n'a oublié en Alsace les services rendus par la Société des bibliothèques populaires fondée sous ses auspices. A Paris, il a fondé avec le comte Serrurier, la Société de la bibliothèque populaire du 8e arrondissement. Pendant de longues années, il a rempli les fonctions de secrétaire général de la Société de protection des apprentis à Paris et celles de président de la Société générale des prisonniers libérés. Il était nommé officier d'Académie en 1872.

On peut le dire, dans le rayon étendu de ses relations, il ne s'est guère fondé d'œuvre socialement utile, à laquelle M. Lefébure n'ait donné spontanément son concours le plus généreux, le plus large. C'est qu'il a voulu prêcher d'exemple et marcher le premier dans la voie où il conviait ses amis. Comme il le dit en excellents termes, dans l'introduction de son beau livre sur *Les Questions vitales* (in-8°, Paris, Plon, 1876), où sont discutées toutes les grandes questions qui nous passionnent et qui ont trait à la religion, à l'instruction, à l'éducation publique, à la transformation de la condition de l'ouvrier et à l'affermissement de la paix sociale, à la régénération des coupables, à la puissance colonisatrice de la France : « Pour qu'un pays utilise les efforts de tous, il faut trouver un terrain où il n'y ait ni vainqueurs, ni vaincus ; du moins où ceux mêmes qui sont vaincus en politique puissent continuer à agir pour le bien de la patrie. Le sentiment du patriotisme existe en temps de guerre; il réunit et rapproche les âmes, il fait taire les divisions. Pourquoi n'existerait-il pas en temps de paix, sur le terrain social? » Nobles paroles, bien dignes d'être entendues par tous les esprits généreux!

STOLTZ, Jean-Louis

STOLTZ, Jean-Louis

Agronome, est né le 10 juillet 1775 à Schlestadt. Sa mère s'appelait Elisabeth Woog et était la sœur de François-Ignace, l'auteur d'une histoire abrégée de l'Alsace en usage dans les écoles du temps (1784). Jean-Louis fut destiné à l'état ecclésiastique, mais la révolution éclata : on demanda et on obtint pour lui une place d'élève en chirurgie à l'hôpital civil et militaire de Schlestadt. Déjà au bout d'un an il fut appelé par une réquisition spéciale du représentant Nion au service régulier des hôpitaux militaires. Il fut d'abord employé dans l'hôpital créé à Schlestadt au couvent des Dominicains; le nombre des blessés allant en augmentant, on transforma en hôpital les vastes bâtiments du couvent d'Ebersmunster, et le jeune Stoltz y fut envoyé. Au commencement de l'hiver de l'an III (1795), il fut attaché comme chirurgien de bataillon à la 15ᵉ demi-brigade d'infanterie légère en garnison à Strasbourg. Après le second passage du Rhin (1797), le nombre des blessés devint si considérable qu'un hôpital supplémentaire fut créé à Molsheim dans les bâtiments des ci-devant jésuites. Stoltz y fut encore envoyé.

Dans la campagne de Suisse, il passa successivement à Zurich, à Sion, à Berne, à Fribourg, à Baumgarten, à Lucerne. Le 4 avril 1800, il fut commissionné pour faire partie de la première ambulance légère de la division Gudin de l'armée du Rhin et du Danube. Il échappa heureusement à tous les dangers et fut licencié le 15 mars 1801 après la signature des préliminaires de la paix de Lunéville.

Il chercha à se marier. Il avait lu dans sa jeunesse un livre (*Das Landleben*, von Hirschfeld, Leipzig 1776) en tête duquel il écrivait plus tard : « La lecture de cette charmante description de la vie champêtre m'a vivement impressionné et m'a donné un goût particulier pour le séjour de la campagne. Ce goût a été fortement augmenté lorsqu'en 1797, me trouvant en Suisse avec l'armée, j'eus la chance d'y faire un séjour de deux années consécutives, pendant lequel je l'ai parcourue dans tous les sens et admiré le spectacle d'une nature aussi belle qu'imposante et variée. » Il se maria avec une veuve. L'étude de la culture des champs et en particulier de la vigne, qui formait la partie la plus importante de son petit domaine d'Andlau, lui présenta immédiatement un grand attrait : il se fit soldat-laboureur. Il se procura les meilleurs ouvrages agricoles et sut appliquer les préceptes et les enseignements qu'il y trouvait à sa propre exploitation. En peu d'années il eut la réputation de posséder les vignes les mieux cultivées et les meilleurs vins de l'endroit. Dans les années 1816-18, un petit insecte de la famille des coléoptères, la bêche, se multiplia avec une étonnante rapidité dans les vignobles de l'Alsace et y fit des dégâts considérables. M. Stoltz se mit à l'étudier et, après l'avoir observé pendant plusieurs années, il rédigea un travail qu'il envoya à la *Société des sciences, agriculture et arts* de Strasbourg, qui le fit publier dans ses *Mémoires* en 1826.

Deux ans après, il publia en allemand des *Notices historiques et topographiques sur les vignes et les vins d'Alsace*, œuvre originale que Fodéré analysa dans les *Mémoires de la Société des sciences* et qui a été reproduite en français avec de nombreuses additions dans la *Revue d'Alsace* en 1852-53. Huit ans plus tard, en 1836, le ministre de l'agriculture et du commerce, M. Martin, du Nord, fonda des prix pour les meilleurs traités élémentaires d'agriculture à l'usage des écoles primaires. Stoltz se mit à l'œuvre et obtint un prix de 1000 fr. Son *Manuel* fut publié en 1842. En 1847, la *Société des sciences et d'agriculture* mit au concours la rédaction de statistiques cantonales. Stoltz y envoya celle du canton de Barr; ce travail n'a pas été publié, mais l'analyse en a été insérée au journal de la Société. En 1844, Stoltz fit paraître un nouvel opuscule sur la vigne, *Der elsässische Weinrebbau*. Voyant que ses conseils étaient peu lus, il attribua cette indifférence au peu d'instruction spéciale des vignerons et pensa devoir s'adresser à la jeunesse des écoles afin de poser les premiers fondements de cette instruction. C'est ce qui provoqua de sa part la rédaction d'un petit livre intitulé : *Premières notions de viticulture et d'œnologie*, Mulhouse 1848. C'est le catéchisme de la viticulture faisant suite pour ainsi dire au manuel d'agriculture.

En septembre 1847, le congrès des viticulteurs et des pomologistes s'était réuni à Colmar. Les événements de 1848 ayant empêché le secrétaire général de rendre compte du résultat de ses séances, Stoltz le fit dans plusieurs articles de la *Revue d'Alsace*, 1852-54. En 1852, Stoltz publia un ouvrage plus capital et plus savant sur sa spécialité, l'*Ampélographie rhénane*, Mulhouse, in-4°. Les 37 planches qui représentent des raisins et des feuilles coloriés ont été reproduites par la chromolithographie de M. Simon, de Strasbourg, et sont bien réussies. Plusieurs Sociétés d'agriculture envoyèrent des remerciements chaleureux à l'auteur. De 1848 à 1866, Stoltz fit aussi paraître un calendrier populaire, *Der elsässische Landbote*, couronné par la Société industrielle de Mulhouse. Il savait que l'almanach est le seul livre profane qu'achète et que lit le campagnard adulte, parce que dans sa jeunesse il n'a reçu qu'une instruction élémentaire, mais c'est à l'instruction de l'enfant qu'il songeait le plus souvent. C'est dans ce but qu'il eut l'idée de former une *Bibliothèque scolaire*, 1846. C'était le premier essai de ce genre tenté dans notre pays, antérieur à l'initiative de M. Jean Macé. Il avait eu aussi l'idée de favoriser l'instruction des enfants par le moyen des tableaux parlants. Il mit à profit son aptitude au dessin et à la peinture pour former un *Atlas agricole*, avec un manuel explicatif, 1859.

Andlau est le but d'un pèlerinage autrefois célèbre parce que l'endroit a été fondé par l'impératrice Richarde, femme de Charles-le-Gros. Stoltz voyant accourir tous les ans au 18 septembre une foule de pèlerins, écrivit (en allemand) une courte histoire de cette Sainte, afin de faire connaître son origine, ses malheurs et ses mérites (Strasbourg, s. d. in-8° de 22 pages). Ce petit livre montre que Stoltz aurait aussi bien réussi à écrire l'histoire de son pays que des traités d'économie rurale. Un grand nombre de notes manuscrites qu'il a laissées le prouve d'ailleurs surabondamment. Quoique sa compagne fût beaucoup plus âgée que lui, il eut la satisfaction de vivre avec elle pendant près de cinquante ans, car elle atteignit sa 88ᵉ année. Luimême arriva à 92 ans et expira le 9 octobre 1869, entre les bras d'un fils dont il pouvait se glorifier comme d'un des praticiens les plus renommés de l'Alsace.   P. R.

SOURCES : Kirschleger, *Flore d'Alsace.* — *Notice biographique sur J.-L. Stoltz*, Paris, Asselin et Houzeau, 1884, in-8°.

MATTER, Jacques

MATTER, Jacques

'UN des savants les plus universels, des écrivains français les plus élégants et, en même temps, des hommes les plus aimables dont puisse s'honorer l'Alsace contemporaine, était le fils d'un simple cultivateur d'Alt-Eckendorf (Bas-Rhin), et n'a dû la haute situation à laquelle il est parvenu qu'à un labeur incessant, servi par de brillantes facultés naturelles. Né le 31 mai 1791, M. Matter commença ses études chez le pasteur de son village et les continua au Gymnase de Strasbourg. Il se rendit ensuite à Gœttingue, où il suivit les cours de Schulze et de Bouterweck, ainsi que ceux de Heeren et d'Eichhorn, et revint, après les Cent-Jours, suivre ceux de la Faculté des lettres de Paris. Le jeune Alsacien avait donné de bonne heure tous ses soins à l'étude de la langue française et était arrivé à la parler et à l'écrire avec une pureté d'autant plus rare qu'il était resté, au même degré, maître de l'allemand. Dès 1817, à vingt-six ans, il obtint de l'Institut sa première couronne pour son mémoire sur *l'Ecole d'Alexandrie* et, pendant quinze ans, il figura tous les deux ou trois ans parmi les lauréats soit de l'Académie des Inscriptions, soit de l'Académie française; nous citerons, parmi ses ouvrages couronnés, son travail sur *le Gnosticisme*, son *Histoire des Sciences mathématiques et cosmographiques à l'Ecole d'Alexandrie* et, surtout, sa belle étude intitulée *De l'influence des mœurs sur les lois et des lois sur les mœurs*. Ces publications, que l'auteur a, d'ailleurs, plusieurs fois refondues et développées — car il a publié toute une série d'ouvrages tant sur l'Ecole d'Alexandrie que sur le gnosticisme, — ne forment qu'une faible partie des travaux auxquels il a attaché son nom : on lui doit, en outre, une *Histoire universelle de l'Eglise chrétienne*, en 4 volumes ; une *Histoire des doctrines morales et politiques des trois derniers siècles ; De l'affaiblissement des idées et des études morales ; Schelling et la philosophie de la nature ;* deux volumes sur *l'Etat moral, politique et littéraire de l'Allemagne*, qu'on a rapprochés avec raison de l'ouvrage analogue de Mme de Stael sur une période antérieure ; enfin, sa *Philosophie de la Religion*, qui comprend la science de Dieu, du monde matériel et du monde spirituel et qui constitue comme l'esquisse d'un *Cosmos* plus complet que celui de Humboldt. Nous laissons de côté, pour ne pas allonger indéfiniment cette liste, une série de publications pédagogiques, de nombreux mémoires et articles dans diverses Encyclopédies, dans le *Journal de l'Instruction publique*, etc.

Ces travaux scientifiques, qui eussent suffi pour remplir la vie d'un homme, ne constituèrent cependant que la moitié de l'activité de M. Matter ; car, entré dans les fonctions publiques comme professeur d'histoire au collége royal de Strasbourg, peu de temps après avoir conquis le grade de docteur ès-lettres (1818), il est resté en activité de service jusqu'au jour de sa mort. En 1820, il quitta le collége royal pour aller occuper au Séminaire protestant la chaire d'histoire ecclésiastique et prendre, en même temps, la direction du Gymnase protestant de Strasbourg. En 1828, il fut nommé inspecteur de l'Académie de Strasbourg et, en 1831, correspondant de l'Institut. Appelé à Paris, l'année suivante, comme inspecteur général,

M. Matter devint conseiller de l'Université et inspecteur général des bibliothèques de France. Lorsqu'il atteignit, comme fonctionnaire de l'Etat, l'âge de la retraite vers 1851, il reprit à Strasbourg sa chaire au Séminaire, et il mourut sur la brèche sans que la vieillesse eût projeté aucune ombre sur ses brillantes facultés, travailleur infatigable, accessible aux jeunes gens, causeur charmant, comme on l'était, dit-on, généralement au siècle dernier.

Cette courte esquisse serait incomplète si nous n'ajoutions que M. Matter, à l'époque où nous avons eu l'honneur de l'approcher, était un chrétien accompli, aussi convaincu pour lui-même que tolérant pour les autres, professant pour Fénelon une prédilection qui se traduisait dans ses lectures et dans ses écrits : Fénelon était son auteur favori et, après l'Evangile, l'objet le plus assidu de ses méditations. Sous l'influence de ce grand esprit, ou plutôt par le mouvement propre de son esprit, il était arrivé à un détachement intime et profond : parvenu par son seul mérite aux plus hautes fonctions de l'Université, connu et honoré dans toute l'Europe savante, il demanda, sur son lit de mort, qu'il ne fût pas prononcé, selon l'usage, d'éloge académique en son honneur et que ses obsèques fussent réduites au strict nécessaire. Il succomba le 23 juin 1864. Ses dernières publications sont consacrées aux mystiques du XVIIIe siècle, dont il a été l'historien bienveillant mais impartial : *Saint Martin, le philosophe inconnu ; Emmanuel de Swedenborg ; la Théosophie et le Mysticisme dans l'Ecole cartésienne, ou Malebranche et Fénelon avec leurs groupes.* C'est par ce dernier ouvrage, dont la première partie seule a paru, que M. Matter a clos une carrière où, pendant près d'un demi-siècle, il a su aborder avec une égale supériorité les

domaines les plus variés : gnosticisme, philosophie
et sciences alexandrines, histoire de l'Eglise, législation, histoire littéraire, sciences politiques et
sociales, et, par dessus tout, religion et morale,
coordonnant ce savoir encyclopédique sous le
principe évangélique qui a été comme le ressort
de sa vie tout entière.

ERNEST LEHR.

Voyez Spach : *M. Matter, discours tenu dans la Société littéraire
de Strasbourg le 12 juillet 1864,* dans *Oeuvres choisies,* t. V ;
le même : *Moderne Culturzustände im Elsass,* t. III.

SCHNITZLER, Jean-Henri

SCHNITZLER, Jean-Henri

Né à Strasbourg, le 1ᵉʳ juin 1802, y fit ses études secondaires, puis suivit, comme la plupart de ses contemporains, les cours de l'ancienne Université, devenue le Séminaire de l'Eglise de la Confession d'Augsbourg, mais sans avoir l'intention de se vouer au pastorat ou du moins sans y donner suite. A l'âge de 23 ans, il entra comme précepteur dans une riche famille de Courlande; cette position toute accidentelle et passagère devait avoir sur sa carrière une influence décisive. M. Schnitzler apprit le russe, puis se mit à étudier l'histoire et les ressources du grand empire, alors fort mal connu en France, où il se trouvait appelé à résider. Les premiers fruits de ses travaux sur la Russie furent une *Notice sur le Musée de l'Ermitage* (1828) et un *Essai d'une statistique générale de l'Empire de Russie, accompagné d'aperçus historiques* (1829). Quelques années plus tard, M. Schnitzler publia, dans le même ordre d'études, *la Russie, la Pologne et la Finlande, tableau statistique, géographique et historique* (1835), qui lui valut le titre de correspondant de l'Académie des sciences de Saint-Pétersbourg, et son *Histoire intime de la Russie sous les empereurs Alexandre et Nicolas, et particulièrement pendant la crise de 1825* (1847). Ce récit impartial d'événements, dont M. Schnitzler avait été le témoin oculaire, mécontenta vivement l'empereur Nicolas, qui en interdit l'entrée en Russie et en fit faire une réfutation médiocrement convaincante.

M. Schnitzler, malgré ses sympathies pour le pays
auquel il avait voué ses études, avait fait œuvre
d'historien et non de courtisan ; et, si nous relevons
ce fait, c'est qu'il est tout à l'honneur et de notre
savant compatriote, et de l'empereur Alexandre II,
qui, après la mort de son père, eut le mérite de
ne pas garder rancune à l'auteur.

Après son retour de Russie, M. Schnitzler avait
été appelé à Paris par la maison Treuttel et Wurtz
et chargé de la direction de l'*Encyclopédie des gens
du monde*, qui devait être, en France, la première
imitation du *Conversations-Lexicon* de Brockhaus.
Tout en donnant une grande partie de son temps
(de 1832 à 1845) à cette entreprise considérable,
M. Schnitzler collabora à de nombreux journaux
politiques et littéraires et se remit à des travaux
de statistique, en prenant cette fois la France pour
objet de ses recherches. Il publia, en 1842, deux
volumes intitulés *De la Création de la Richesse ou
des Intérêts matériels en France*, puis, en 1845, sa
Statistique générale de la France, à laquelle l'Académie des sciences décerna le prix Monthyon. En
même temps, il était chargé d'enseigner l'allemand
à plusieurs des membres de la famille d'Orléans.
Les titres littéraires qu'avait conquis M. Schnitzler
par un labeur de plus de vingt ans, semblaient le
désigner pour une chaire du haut enseignement,
et M. de Salvandy y songea. Mais l'absence des
grades universitaires voulus fut jugée alors, peut-
être à tort, un obstacle insurmontable, et l'on fit du
savant et du lettré un modeste inspecteur-adjoint
des écoles primaires de Strasbourg. M. Schnitzler
s'acquitta de ces humbles fonctions avec un véritable dévouement, mais chercha de plus en plus
dans des publications scientifiques le légitime
emploi de ses remarquables facultés et la notoriété
qu'il n'avait pu trouver dans un mandat public

approprié à son mérite ; nous ne mentionnerons qu'en passant, et pour être complet, l'enseignement qu'il donna temporairement au lycée de Strasbourg et au séminaire protestant de la même ville ; ce n'était pas sa vraie voie et il n'y persista point. La guerre d'Orient lui fournit l'occasion de mettre à profit ses connaissances spéciales sur la géographie et l'histoire de la Russie ; il fit paraître successivement une monographie illustrée sur la *Russie ancienne et moderne* et une *Description de la Crimée*, avec carte (1854). Ces écrits de circonstance n'étaient que le prélude du grand ouvrage dont il réunissait les matériaux depuis nombre d'années et qui est son principal titre d'honneur : *L'Empire des Tsars au point actuel de la science*. Cet ouvrage, dont les quatre gros volumes ont paru à d'assez longs intervalles de 1856 à 1869, est, de l'avis des savants russes eux-mêmes, l'un des plus complets et des meilleurs qui aient paru à l'étranger sur la géographie, les institutions, le commerce, l'agriculture et les ressources de la Russie. Appelé, pour compléter ses informations, à aller faire un séjour à Saint-Pétersbourg, M. Schnitzler y fut accueilli par l'empereur Alexandre II avec une distinction particulière et reçut de lui, par la suite, après la publication de chacun de ses volumes, des témoignages de satisfaction rarement accordés à de simples gens de lettres [1]. En même temps, l'auteur, qui était un travailleur assidu, trouvait le loisir de faire paraître une continuation de l'*Atlas historique* de Baquol (4 vol. in-folio), 1860-62, une édition française du *Manuel diplomatique* de Ghillany (2 vol. in-8°), et un volume sur Rostopchine et Koutousof ou *la Russie en 1812*. Toutefois, avec

---

[1] La croix de commandeur de Ste-Anne en brillants, la croix de commandeur de St.-Wladimir, et finalement le grand-cordon de St.-Stanislas.

l'âge, la fatigue se fit sentir, et les épreuves de
l'année de la guerre portèrent à M. Schnitzler un
coup auquel sa santé ne résista pas. Il s'éteignit
le 19 novembre 1871.

E. LEHR.

Voyez: *M. Schnitzler, statisticien et historien* (par Spach), Strasbourg, 1872, in-8°.

Antoinette LIX

LIX, Antoinette

ST née à Colmar, le 31 mai 1839; elle n'avait que quatre ans lorsqu'elle perdit sa mère Amélie Schmidt, de Bergheim. Son père, ancien grenadier à cheval sous Louis XVIII et Charles X, résolut de l'élever en garçon. Jusqu'à l'âge de huit ans, Antoinette porta le costume masculin. A dix ans, elle montait parfaitement à cheval et faisait de l'escrime comme un maître d'armes. A onze ans, Antoinette fut placée au pensionnat des sœurs de la Divine Providence à Ribeauvillé. Ce ne fut pas une mince besogne pour les sœurs que de tempérer ce caractère impétueux, de rompre aux travaux de l'aiguille ces doigts endurcis au maniement de la bride et de l'épée, mais la religion leur vint en aide : l'enfant était d'une piété fervente et obéissait sans murmure dès qu'on lui rappelait ses devoirs de chrétienne.

La vertu qui lui coûta le plus à acquérir fut la patience. Un jour que les religieuses avaient emmené leurs élèves en promenade sur une hauteur, la Klausmatt, au pied de laquelle roule un torrent, une des jeunes filles s'approcha de notre pensionnaire, brisa une baguette et lui en jeta au fur et à mesure les morceaux au visage. Antoinette, irritée, bouillonnait; cependant elle se contint, tout en prévenant sa compagne que, si elle ne cessait ce jeu, elle passerait un mauvais quart d'heure. L'autre ne tint nul compte de l'avertissement : mal lui en prit. Antoinette, pâle de colère, la souleva comme une plume et la lança dans le torrent avant qu'on

eût pu intervenir. Mais à peine l'eut-elle vu disparaître sous l'eau qu'elle s'y précipita à son tour et
la ramena aux applaudissements des élèves et au
grand soulagement des maîtresses.

A dix-sept ans, pourvue du brevet de capacité,
douée d'une instruction solide, elle fut appelée en
Pologne, où Mme la comtesse Lubienska lui confia
l'éducation de sa fille. Elle y était depuis six ans,
lorsqu'éclata l'insurrection de 1863. La nation
polonaise se soulevait pour la vingtième fois contre
le joug de l'oppression russe, pour la vingtième
fois recommençait une lutte sans espoir. L'âme
ardente de Mlle Lix ne pouvait rester indifférente
devant cet héroïsme. Un ami du comte Lubienski
allait être surpris par les Russes avec tout son
détachement. Mlle Lix s'habille en homme, monte à
cheval, mais n'arrive que pour le voir tomber dans
la mêlée. Elle rallie les soldats qui se débandent,
ranime leur courage et réussit à battre les Russes.
Ce brillant fait d'armes lui valut le grade de lieutenant qu'elle accepta et elle continua la campagne
sous le nom de lieutenant Tony. Ses compagnons
d'armes ignorèrent toujours son sexe. Frappée un
jour d'un coup de lance à la poitrine, elle fut recon-
nue par une religieuse félicienne, Mlle Wolowska,
avec qui elle s'était trouvée en relations dans le
monde et qui la soigna dans sa propre cellule
pendant les six semaines que sa blessure mit à
se fermer.

A peine convalescente, elle se charge de porter
une importante dépêche à un chef de partisans,
mais elle tombe aux mains des Russes et ne doit
la vie qu'à un passeport au nom de son frère.
Reconduite à la frontière, elle rejoint à Dresde la
comtesse Lubienska et profite de ses loisirs dans
cette ville pour se livrer à des études médicales.
Elle revint en France en 1866. Le choléra sévissait

alors dans le Nord. Cette fois c'est la charité qui parle en elle. Avec le même oubli de soi qu'elle a montré en Pologne, elle va soigner les cholériques indigents et demeure à leur chevet pendant toute la durée de l'épidémie. Sa belle conduite signalée en haut lieu lui valut d'être nommée receveuse des postes de Lamarche (Vosges).

Survint la guerre avec l'Allemagne. Mlle Lix aussitôt d'aller à la mairie et de s'engager dans une compagnie franche, formée par les frères et les fils de ses amies qui lui offrent le grade de lieutenant, pour lequel la désignait son expérience de la guerre. C'est en cette qualité qu'elle prit part au combat de la Bourgonce, 6 octobre 1870, où les Badois du général Degenfeld perdirent 400 hommes dans une lutte de sept heures. Sa pratique de cette vie de guérillas, où le petit nombre doit, par la ruse, l'emporter sur l'ennemi supérieur en force et mieux armé, sauva de plus d'un péril les francs-tireurs de Lamarche, qui avaient en elle la plus grande confiance et la respectaient tous comme une sœur. L'*Industriel alsacien* du 14 décembre 1870, contenait une lettre d'un franc-tireur de Neuilly, M. Lesney, témoin oculaire, qui raconte comment ce lieutenant féminin ralliait les mobiles qui se débandaient : « Allons Messieurs, debout, disait-il, c'est la tête haute que les Français doivent saluer les balles », puis elle pansait les blessés qui tombaient autour d'elle et prêchait d'exemple, sans se soucier du danger. Après le combat de la Bourgonce, sa compagnie s'étant fondue dans les troupes garibaldiennes, elle se retira pour se consacrer exclusivement au soin des blessés.

La paix signée, Mlle Lix quitta l'uniforme et revint à son bureau de poste. En janvier 1872 le gouvernement lui décerna la médaille d'or de première classe en récompense de sa belle conduite pendant la guerre et de son dévouement dans les ambulances. Le 5 mai de la même année la Société nationale d'encouragement au bien lui décernait une médaille de bronze; des dames alsaciennes lui offrirent une épée d'honneur dont la poignée, en vieil argent massif, représente l'Alsace couronnée des créneaux de Strasbourg et brisant ses chaînes; au verso la devise *pro Deo et patria*.

A la suite de violentes douleurs rhumatismales, survenues après la guerre, Mlle Lix a dû demander l'échange de son bureau de poste contre un bureau de tabac. Aujourd'hui elle vit dans la retraite, consacrant à un petit nombre d'amies et à la bienfaisance, les courtes heures de répit que lui laissent ses travaux et les fièvres intermittentes contractées dans les marais de la Pologne. Ses occupations consistent principalement en traductions dont elle emploie les bénéfices à des œuvres de charité. Elle est l'auteur d'une traduction française de *Johnny Ludlow*, parue chez Maurice Dreyfous en 1879. Tout récemment elle a publié sous le titre de: *Tout pour la patrie*, un volume rempli de souvenirs alsaciens, dont un grand nombre de journaux ont déjà fait l'éloge et qui vient de lui valoir une nouvelle médaille de la Société d'encouragement.

Voy. la *Guerre franco-allemande de 1870-71*, rédigée par la section historique du grand état-major prussien, III, 3o3; J. Sée, *Journal d'un habitant de Colmar, juillet à novembre 1870*, Paris, 1884, in-8°; l'*Echo de la Dordogne*, 29 janvier 1884, etc.

SAURNIE, Jean-Pierre

SAURINE, Jean-Pierre

Évêque de Strasbourg, naquit à Eysus, près
Oloron, le 10 mars 1733. Il étudia d'abord
à Bayonne, puis à Bordeaux. Ayant refusé
une place de vicaire, il fut interdit et se
retira en Espagne, où il devint précepteur chez le
marquis de Castelar à Saragosse. Ayant recueilli
une succession brillante de son frère, il se fit
recevoir avocat. Député aux Etats généraux par
le clergé de Béarn, il se montra favorable à la
révolution et à la constitution civile. Son zèle fut
récompensé par le titre d'évêque du département
des Landes.

En 1802, la protection de Fouché le fit nommer
à l'évêché de Strasbourg. Le clergé du diocèse eut
de la peine à l'accepter, mais l'abbé Colmar donna
l'exemple. Dans son sermon du premier dimanche
après Pâques, il dit : « Si l'évêque auquel je dois
me soumettre a été jadis séparé de l'Eglise, s'il a
été un moment faible comme Pierre, comme il a
reçu sa mission du chef de l'Eglise, il est dans le
fait mon chef et mon supérieur, comme saint Pierre
après sa chute, devint le chef de l'Eglise universelle ». Le 4 juin 1802, Saurine fit son entrée à
Strasbourg et fut reçu au Séminaire, où on lui
avait préparé un logement. Le 7 juin, dimanche
de Pentecôte, il chanta en présence des autorités
une grand'messe solennelle pendant laquelle on
admira sa belle taille et sa tenue pleine de dignité.
Il s'occupa ensuite de la réorganisation de son
diocèse, il nomma chanoines MM. 1° Dansaz, ancien

chanoine de Saverne; 2° Dreux, abbé de Neuwiller; 3° Delort, abbé de Pairis; 4° Gontard, curé de Biesheim; 5° Donzé, jésuite; 6° Klein, professeur de physique au collége; 7° Lapeyrie, vicaire-général constitutionnel de Saurine à Dax; 8° Bouat, chanoine de Lautenbach. Au mois d'août, il lança une lettre pastorale où, en se référant à un écrit du préfet de police, il prenait sous sa protection les anciens assermentés. Le 21 février 1803, il publia une circulaire qui annonçait que, conformément à l'indult du 9 avril, il n'y aurait plus de célébrées que les fêtes de Noël, de l'Ascension, de l'Assomption et de la Toussaint.

Une faute de Saurine fut la nomination au poste de prédicateur de la cathédrale, du capucin André qui avait jadis figuré dans les clubs. Lorsque cet ancien religieux monta pour la première fois en chaire, le peuple se précipita vers les portes de l'édifice. Le 26 septembre 1805, l'empereur vint, avec Joséphine, à Strasbourg, d'où il partit le 1ᵉʳ octobre pour aller rejoindre l'armée d'Allemagne. L'impératrice passa plus d'une année dans la capitale de l'Alsace, elle logeait au château où Saurine disait tous les jours la messe et dînait le soir chez Joséphine. Le 16 juillet 1806, Saurine publia un mandement aux termes duquel 1° le jour de la saint Napoléon, jour anniversaire de la ratification du Concordat, aurait lieu une procession où l'évêque donnerait la bénédiction papale, 2° le premier dimanche de décembre serait célébré l'anniversaire du couronnement de l'empereur et de la bataille d'Austerlitz.

Une bonne inspiration de Saurine fut de mettre à la tête de ses séminaires l'ancien bénédictin Thiébaut Lienhart. Ce savant prêtre tint d'abord ses cours dans l'archive de la cathédrale. Bientôt se forma dans la maison de M. Herrmann, rue

Ste-Madeleine, un internat qui, faute de place, fut transféré dans la maison « du grand Turc », rue des Echasses. Lorsque ce nouveau local parut mal commode, l'évêque abandonna son palais (rue de la Nuée-Bleue, maison de Bussierre) aux élèves du séminaire et vint se loger à ses frais dans une maison de la rue de la Toussaint. En 1809, Saurine fonda le petit séminaire, qui ne fut d'abord qu'un externat; les classes se tenaient au rez-de-chaussée du grand séminaire et, faute de place, on distribua les leçons de manière que les unes étaient données de 8 à 10 heures, les autres de 10 h. à midi. Les premiers professeurs furent les abbés Doffner, Mühe et Neltner.

Des plaintes ayant été portées au gouvernement relativement aux taxes pour les dispenses, 1809, Saurine eut ordre de venir à Paris; on voulut l'obliger de donner sa démission, mais arriva l'histoire du bref adressé au cardinal Maury. Cette diversion servit Saurine. Bonaparte, qui sévissait contre le pape, crut devoir ménager le parti contraire. Saurine fut admonesté et dut congédier son secrétaire-général Maimbourg et son secrétaire particulier Lapeyrie. A son retour en Alsace, il passa l'hiver entier (1810-11) chez le curé Scheyder à Schnersheim. Vers cette époque, le pèlerinage de Marienthal fut désigné comme maison de retraite pour les prêtres malades et infirmes (décret impérial du 20 janvier 1811). Le 1ᵉʳ février un autre décret réunissait la cure de St.-Laurent au chapitre de la cathédrale.

Saurine avait entrepris une tournée de confirmation dans le Haut-Rhin, lorsqu'il mourut subitement à Soultz, le 8 mai 1813. Son corps fut rapporté à Strasbourg, où les obsèques eurent lieu le 11. La dépouille mortelle fut descendue dans la crypte de la chapelle St.-Laurent.

Saurine avait gardé jusqu'à l'âge de 80 ans sa belle prestance. Il officiait avec une grande noblesse. Les jours ordinaires il disait la messe dans sa chapelle domestique, le dimanche à la cathédrale. Sévère pour lui-même, il ne déjeûnait jamais en carême, malgré son grand âge et la diversité de ses travaux, sa collation consistait en un verre d'eau sucrée. C'était un homme de mœurs irréprochables, qui s'était aliéné les esprits par son économie et la brusquerie de ses manières. Les *Annales de la religion*, revue fondée le 2 mai 1795, qui dura jusqu'en avril 1804, contiennent de lui, t. VI, p. 290 : *La religion catholique n'est pas la même chose que celle de la cour de Rome* ; t. VII, p. 117 : *Réponse à une question concernant le mariage ;* p. 150 : *Réponse à un curé au sujet du dimanche et des décadis* (il se prononce contre la translation); t. X, p. 49 : *Avis sur le Sacrementaire français* (il blâme l'adoption de la langue française dans l'administration des sacrements). Il signe en premier la *Consultation sur les prêtres tombés*, p. 385, et la *Lettre d'indiction du deuxième Concile national*, p. 441.

Voici comme il s'exprimait sur le divorce :

« Le divorce permis par les nouvelles lois reste toujours défendu par la loi divine ; d'où il suit qu'un second mariage, contracté librement après le divorce conformément aux lois, a bien la même valeur civile, les mêmes effets civils qu'avait le premier, mais qu'étant contraire à la loi divine, il est par là exclus des biens spirituels... On aurait tort d'inférer de là que la religion est en opposition avec les lois ou qu'elle leur porte quelque préjudice, car les lois ne demandent rien de spirituel, elles sont loin de vouloir s'en mêler, et il n'est ici question que de savoir si on donnera une chose spirituelle.

En second lieu les lois ne prescrivent point le

divorce, elles ne font que le permettre et l'on peut
dire que c'est à regret, puisqu'au lieu d'abandonner
cette permission au caprice des individus, elles la
restreignent : on sait bien qu'elles n'ont en vue
que d'éviter de plus grands maux. Il en est de cela
comme de la prescription. Dans tous les temps,
les lois ont permis, ont autorisé de garder, de
s'approprier le bien d'autrui, quand on l'a possédé
sans interruption pendant trente ans ; cependant
la loi divine et l'équité naturelle interdisent toute
prescription au possesseur de mauvaise foi et or-
donnent de restituer au véritable maître dès qu'on
vient à le découvrir, fût-ce après les trente ans. »

P. R.

SOURCES : Glœckler, *Geschichte des Bisthums Strassburg*
Strassburg, Leroux, 1880. — *Chronique du diocèse d'Oloron*, par
l'abbé Meujoulet, 2 vol. in-8°, 1864-1869. Oloron, impr. Marque.
Portrait dessiné par Godefroy, gravé par Massard.

Jean ZUBER

ZUBER, Jean

ONDATEUR de la fabrique de papiers peints
de Rixheim, et ascendant direct de tous
les membres de la famille Zuber qui occu-
pent depuis trois quarts de siècle une
place si honorable dans l'industrie de Mulhouse,
est né dans cette ville le 1er mai 1773. Son père,
Alexandre Zuber, y était maître drapier; et l'on
songea d'abord, avec les idées de corporations et
de jurandes qui régnaient alors, à faire suivre au
fils la profession de son père. Mais des malheurs
domestiques ne permirent pas de donner suite à
ce projet. Faut-il le regretter au point de vue des
industries du Haut-Rhin, que Jean Zuber, avec sa
merveilleuse activité d'esprit, aurait peut-être développées, s'il avait été drapier, dans la direction
où Sedan et Louviers ont trouvé prospérité et réputation? Toujours est-il qu'après avoir reçu, grâce
au bienveillant appui de quelques-uns de ses parents, une bonne éducation élémentaire, il entra
comme apprenti dans la fabrique d'indienne de
MM. Heilmann, Blech et Cie. En 1790, un heureux
hasard le mit en rapports avec M. Nicolas Dollfus, qui venait de fonder à Mulhouse une manufacture de papiers peints; cette industrie, créée
depuis peu en Angleterre, n'était encore repré-
sentée que par deux ou trois maisons à Paris, et
elle était toute nouvelle dans notre région. M. Dollfus, frappé de l'intelligence du jeune Zuber, lui
offrit une place de voyageur. Il s'agissait de parcourir l'Italie et de chercher à faire prévaloir la

tapisserie en papier sur la peinture dont on y décorait les appartements. M. Zuber accepta, apprit l'italien en trois mois, et fit dans toute la péninsule un voyage dont son patron fut très-satisfait et dont il rapporta pour lui-même les plus beaux souvenirs : il avait dix-huit ans à peine. Pendant les années suivantes, il eut à retourner plusieurs fois en Italie et parcourut l'Espagne et le Portugal. Revenu dans sa ville natale en 1795, mûri par l'expérience, il obtint un intérêt dans la maison qu'il représentait et dont, sur les entrefaites, M. Hartmann-Risler avait pris la direction. Deux ans après, afin d'éviter les lignes de douanes qui enserraient alors le petit territoire de Mulhouse, M. Hartmann installa sa manufacture sur le sol français, dans les bâtiments de l'ancienne commanderie de Saint-Jean de Jérusalem à Rixheim, vendus comme biens nationaux. Son jeune associé, chargé de monter le nouvel établissement, alla dès lors se fixer dans cette localité, et sa famille ne l'a plus quittée. Ce n'est pas qu'en ces temps troublés, Jean Zuber n'ait eu bien des épreuves à supporter. La maison à laquelle il se dévouait avec tant d'énergie et d'habileté, fut sur le point de crouler ; une liquidation s'imposa ; mais Zuber avait, dès ce moment, inspiré une si grande confiance à ceux qui l'avait vu à l'œuvre, qu'il trouva un capitaliste prêt à l'assister et put reprendre, en 1802, à son compte personnel la manufacture de Rixheim. Deux ans après, il fit l'acquisition d'une papeterie située à Roppenswiller, afin de n'être pas tributaire d'autres maisons pour le papier nécessaire à sa propre industrie ; cette modeste usine, transférée plus tard dans le voisinage de Rixheim, est devenue le noyau des vastes établissements de MM. Zuber et Rieder à l'Ile-Napoléon. Tout le monde sait quels développements M. Zuber a donnés à sa double fabrication et quels progrès il y a réalisés. Mais, loin de concentrer son activité sur ses propres intérêts, il s'associa largement à toutes les entreprises d'utilité générale qui ont pris à Mulhouse une belle extension. Les sociétés d'assurance mutuelle, la Société industrielle, la Société pour l'instruction primaire du Haut-Rhin, la Société biblique de Mulhouse sont au nombre des institutions à la fondation et au succès desquelles il a pris la meilleure part. Mulhouse doit en grande partie à ses efforts l'Entrepôt, la Bourse, la Banque, l'Eglise française et le nouvel Hôpital. Il administra pendant de longues années la commune de Rixheim et trouva encore, au milieu de ses devoirs de chef de grands établissements et d'une très nombreuse famille, le temps de remplir, avec une ponctualité exemplaire, les fonctions de conseiller d'arrondissement, de membre et de président du tribunal de commerce, de membre du Consistoire, de régent de la Banque, etc.

M. Jean Zuber s'est éteint à Mulhouse le 8 août 1852, à l'âge de 79 ans.

E. L.

Voy. X. Mossmann, *Les Grands industriels de Mulhouse,* Paris, Ducrocq, 1879, in-8°.

SCHAUENBURG, Pierre-Rielle de

SCHAUENBURG
PIERRE-RIELLE BARON DE

AQUIT le 18 mars 1793 à Saarlouis où son père Balthasar de Schauenburg commandait au nom de la République française, et fut baptisé secrètement par un prêtre qui avait refusé le serment civil. Bientôt Balthasar fût arrêté et enfermé à la Conciergerie. Un jour il reçut la visite d'une femme voilée qui portait un enfant sur les bras. C'était sa femme qui avait vendu ses bijoux et mis le produit aux pieds de Fouquier-Tinville, accusateur public. Celui-ci laissa sortir le prisonnier qui s'empressa de se réfugier en Alsace près de sa femme et de ses enfants.

Pierre Rielle, outre ses études classiques cultiva le dessin sous la direction de son père qui y était d'une belle force. L'empereur Napoléon avait chargé le général de Schauenburg de l'exécution de divers dessins relatifs aux opérations militaires. Le père eut recours aux capacités de son fils qui signa même une partie des travaux : ils furent soumis à l'empereur et celui-ci fut si content qu'il fit sortir le jeune homme du lycée avec le grade de sous-lieutenant et l'adjoignit au maréchal Kellermann en qualité d'adjudant. Il trouva dans cette situation le temps nécessaire pour perfectionner son éducation littéraire, il s'appropria les classiques de telle manière que plus tard dans la retraite, il savait encore réciter de longues tirades de Corneille et de Racine. Il y acquit cette élégance de parole et de style qui le distingua dans la vie publique non moins que dans les relations sociales. Il appliquait ainsi la maxime qu'il s'était choisie, savoir qu'un jeune homme doit chercher en tout la perfection, que toutes les facultés dont Dieu a doué l'homme doivent être développées par l'effort et la pratique, conformément à la parole de l'Écriture qui dit que la carrière du juste a son orient et son midi comme celle du soleil.

Tandis que ses trois frères répandaient leur sang sur les champs de bataille éloignés, il travaillait dans l'ombre et méditait sur les grands évènements de l'époque. Il se frayait la voie à la vie publique et à cette vie intellectuelle qui prête son auréole à notre existence. Son père avait acheté de la famille de Gottesheim le bien de Geudertheim et s'y reposait des fatigues d'une vie agitée. Le fils, qui était attaché à l'état-major de Strasbourg, venait le voir pour animer sa solitude rendue plus profonde par la perte de la vue. En 1826 il se maria avec Adélaïde Dubosque et ce jour fut solennisé par la plantation de deux sapins dans la cour du presbytère de Hœrdt. Il eut successivement trois enfants. Ses fréquents séjours à Geudertheim mirent notre officier en contact avec le peuple des campagnes dont il étudia les besoins; il mit lui-même la main à l'ouvrage, apprit à manier la faux et le fléau et gagna ainsi l'estime et l'amour des campagnards. Il finit par renoncer au service militaire et ne vécut plus que pour sa famille et la famille plus vaste des gens de la campagne. Sa notoriété s'étendit assez pour qu'en 1832 il fût sans difficulté choisi comme membre de la chambre des députés. Bien qu'il avouât n'y avoir pris que deux fois la parole, il fut en réalité pendant quatorze ans le représentant actif et éclairé d'une circonscription alsacienne. Il était si occupé qu'il travaillait tout en voyageant : en effet il avait fait

établir un pupitre dans sa berline afin de pouvoir
soigner sa correspondance durant le voyage. Un
témoignage de son zèle est le tilleul que la commune
de Geudertheim fit planter à l'entrée de la cour du
château en souvenir du procès qu'il avait gagné
contre les Gottesheim qui prétendaient des droits
sur la forêt communale.

En 1846 il fut élevé à la dignité de pair de
France. Deux ans après, en 1848, il aida le général Cavaignac à réprimer l'insurrection. Le péril
passé, il revint à Geudertheim pour ne plus le
quitter. Napoléon III voulut le faire sénateur, mais
il refusa, soucieux de la règle du sage qui veut
mettre un intervalle entre la vie et la mort.

Il se tourna alors vers l'archéologie ; il porta à
la Société des monuments un intérêt constant, un
dévouement signalé. Il étudia la peinture sur verre :
pendant le siège de Strasbourg, tandis que le canon
grondait et que la flamme des incendies montait
vers le ciel, il dessinait tranquillement des cartons
pour ses verrières. Il vivait pour l'art, il vivait pour
l'amitié. A Paris il avait couru avec enthousiasme
aux conférences des Lacordaire et des Ravignan,
dans son village il écoutait avec recueillement la
parole d'un prêtre simple et modeste. Il s'était
épris du livre de Mœhler : *la Symbolique* ; pour
mieux en pénétrer l'esprit, il en entreprit une traduction restée manuscrite. Au temps de la moisson,
quand le sonneur de cloches et le servant de
messes étaient en retard, on le voyait tirer lui-
même la corde et inviter les fidèles à l'office.
Pierre Rielle de Schauenburg mourut le 28 juin
1878, en chevalier chrétien, faisant songer à ce
portrait de la galerie de don Ruy Gomez, devant
lequel le fils s'écrie :

C'est mon père. Il fut grand, quoiqu'il vint le dernier.

M. de Schauenburg a fourni à la Société des

monuments historiques les articles suivants : *Notes sur une aigle présumée romaine ; Quelques figures inexpliquées de la charte de Sindelsberg ; Restauration de l'église d'Andlau ; Château de Jungholz ; le dessinateur Benj. Zix ; Rapport sur les restaurations faites dans l'église St.-Martin, à Colmar ; Observations sur les statuettes accompagnant autrefois la représentation du trône de Salomon au grand portail de la cathédrale ; Critique des travaux exécutés dans l'église protestante de Colmar ; Note sur un camp romain présumé près de Leutenheim ; Mémoire sur les antiquités de Stephansfeld ; Note sur la pierre aux armes de Jean Hamerer ; Note sur la sépulture romaine de Bernolsheim.*

On a encore de lui : *Extrait des délibérations et de la correspondance de la commission administrative de Stephansfeld*, Strasb. 1839, in-8° ; *Notes recueillies aux archives de la ville sur d'anciennes fondations de Strasbourg*, Strasb., 1855, in-8° ; *La peinture sur verre*, lecture faite le 20 janv. 1863 à la préfecture du Bas-Rhin, Strasb., 1865, in-8°.

P. R.

Voy. Trauer-Rede auf den Herrn Baron P. R. v. Schauenburg (von J. Guerber). Strasb. Bauer, 1882, in-8°.

WECKERLIN, Jean-Baptiste-Théodore

WECKERLIN

JEAN-BAPTISTE-THÉODORE

É le 9 novembre 1821 à Guebwiller, est fils d'un fabricant d'étoffes de coton, qui le destinait à la carrière industrielle. Après quatre années passées au collège de Lachapelle, il fut envoyé à Strasbourg pour y fréquenter les cours de sciences de l'Académie. Il suivit aussi le cours de mécanique professé par Schwilgué, puis il retourna chez ses parents, pour se vouer à l'état de son père, mais bientôt il en éprouva du dégoût. Incessamment préoccupé de musique et décidé à se livrer à la culture de l'art, il s'enfuit de la maison paternelle et arriva à Paris le 25 juin 1843. Admis au conservatoire le 8 janvier 1844, il suivit le cours d'Elwart, puis devint élève d'Halévy pour le contrepoint. Sorti de l'école en 1849, il se livra à l'enseignement et à la composition.

Nommé membre du *Comité des Etudes* au conservatoire, le 14 novembre 1864, il fut préposé à la bibliothèque le 3 avril 1869, bibliothécaire adjoint en 1872, bibliothécaire en chef en 1876. Déjà depuis 1871 M. Weckerlin avait réellement la direction de la bibliothèque, M. Félicien David (titulaire) n'y ayant jamais paru.

Dans le courant des dix dernières années, la bibliothèque du Conservatoire s'est augmentée d'un tiers, grâce à l'activité du bibliothécaire qui, par des voyages en province, en Belgique, à Berlin, à Vienne, etc., est parvenu à former un noyau d'ou-

vrages de la plus grande rareté, quelques-uns
uniques. Il a fondé aussi une collection de portraits de musiciens qui dépasse déjà douze cents
numéros. Aucune bibliothèque musicale de l'Europe n'approche des richesses de celle du Conservatoire, en ce qui concerne les livres sur la
musique dans toutes les langues et les partitions
de tous les pays du monde, ce qui a été constaté
d'ailleurs par les délégués étrangers venus à l'exposition de Paris en 1878.

M. Weckerlin a été nommé plusieurs fois
membre du jury pour le prix de Rome. Il a été
dès 1848 un actif associé de M. Seghers, pour la
direction de la *Société Sainte-Cécile*, qui fut l'une des
premières à vulgariser les œuvres symphoniques
et chorales des grands maîtres, aussi bien que des
jeunes compositeurs français.

Parmi ses ouvrages nous citerons : *Roland*, ode-
symphonie, exécutée au conservatoire en 1847 ;
l'*Organiste*, opéra-comique en 1 acte, représenté
au Théâtre lyrique le 17 mai 1853, publié par le
Ménestrel ; Echos du temps passé, recueil de chansons
du 18ᵉ siècle, avec notes biographiques et bibliographiques, Paris, Flaxland, 1853-55 ; *Six quatuors
de salon*, Paris, Flaxland, 1855 ; *Tout est bien qui
finit bien*, opéra à deux personnages représenté au
château des Tuileries le 28 février 1856 ; *Les poëmes
de la mer*, paroles d'Autran, symphonie exécutée
au Théâtre italien le 19 décembre 1860, Paris,
Flaxland ; *Die dreyfach Hochzitt im Bæsethal*, opéra
en dialecte colmarien représenté au théâtre de
Colmar le 17 septembre 1863, Colmar, Kern ;
Souvenirs du temps passé, troisième volume des
Echos, Paris, 1864 ; la *Fête d'Alexandre*, oratorio,
l'*Inde*, paroles de Méry, *Symphonie de la forêt*,
ouvrages exécutés en 1872 et 1873 ; *Fragments
du Jugement dernier*, paroles de Gilbert ; *Après*

Fontenoy, opéra représenté au Théâtre lyrique en 1877. Réédition en partition avec piano du *Ballet de la Reine*, premier essai d'opéra en France, de *Pomone* et de *Les peines et les plaisirs d'amour*, opéras de Cambert, prédécesseur de Lulli. Plus de trois cents mélodies, duos, chœurs, scènes, etc. L'Angleterre, la Hollande, l'Allemagne, l'Amérique, ont fait de nombreuses contrefaçons de ces mélodies.

M. Weckerlin a écrit des études littéraires et archéologiques sur la musique, publiées dans les *Bulletins de la Société des compositeurs de musique: Histoire de la chanson populaire; Histoire de la gravure de la musique; Histoire de la contrebasse*, etc.

En 1875, l'Institut a décerné à M. Weckerlin une médaille de mille francs pour son *Mémoire sur l'histoire de l'orchestration*.

Son dernier livre s'appelle: *Chansons populaires de l'Alsace*, Maisonneuve. 1883, 2 vol. in-16, avec airs notés. La critique, qui trouve à faire un feuilleton sur le moindre vaudeville et une variété sur le roman le plus scabreux, ne s'est pas assez occupée de cette œuvre remarquable — nous ne connaissons qu'un article de M. X. Mossmann, dans l'*Express* de Mulhouse, et un de M. Kuhff, dans la *Revue alsacienne*. Depuis bien des années l'auteur avait formé le projet d'écrire l'histoire de la chanson populaire de sa province natale. Les conseils d'Aug. Stœber lui ont été précieux. Si la chanson alsacienne ne pouvait prétendre à mieux que ce que lui accordent les auteurs français qui en ont cité, ce n'aurait été la peine d'y revenir. Que trouvons-nous, en effet? Quatre chansons informes dans Laborde. A Paris on se tire d'affaire en fredonnant la valse du *Lauterbach*. Weckerlin nous offre cent vingt et une pièces et fait précéder son recueil d'une étude sur les *Noms illustres de l'Alsace*, pleine d'intérêt. Le chant populaire, tout grossier qu'il apparaisse, ne se lasse pas de célébrer la France, ses héros et leur bravoure. Il y a là une note si franche et si énergique que le lecteur le plus prévenu en constate la sincérité. Outre les chants patriotiques, il y a les noëls, les légendes, les berceuses, les chants relatifs aux usages et coutumes, les chansons d'amour, les chansons à boire, quelle variété et quel sujet d'études comparatives! Weckerlin va encore publier: *Rondes et chansons enfantines*, Librairie Garnier Frères, 1885; *Vieilles chansons et rondes pour les petits enfants*, Plon et Nourrit, 1885.

Il est officier d'Académie, chevalier de la Légion d'honneur, de l'ordre de Charles III, de Danilo Ier, du Christ de Suède, membre des Académies de Stockholm, Florence, Genève et Québec.

P. R.

ERARD, Sébastien

ERARD, Sébastien

Facteur d'instruments de musique, naquît à
Strasbourg le 5 avril 1752 et fut le quatrième enfant de Louis-Antoine Erard,
fabricant de meubles qui ne s'était marié
qu'à l'âge de 64 ans. Son caractère décidé se ma-
nifesta dès son enfance. A l'âge de 13 ans il monta
au plus haut point du clocher de la cathédrale et
s'assit en dehors sur le sommet de la croix. Il avait
16 ans lorsque son père mourut. Son frère aîné
Antoine fonda à Strasbourg une école de dessin et
de géométrie ; le second, Jean-Baptiste, quitta la
maison paternelle pour aller en Allemagne se perfectionner dans la fabrication des instruments de
musique ; quant à Sébastien il prit la résolution de
venir à Paris et en 1768 il arrivait dans cette ville
sans argent, sans amis, mais possédant en lui-même
tous les éléments de succès. Il se plaça d'abord chez
un facteur de clavecins dont il devint le premier
ouvrier ; son habileté ne tarda pas à exciter la jalousie de son maître qui le congédia. Un autre facteur
auquel on avait demandé un instrument dont la
construction exigeait plus de connaissances qu'il n'en
avait, s'adressa à Erard et lui proposa d'exécuter
cet instrument moyennant un prix convenu, à la
condition que le facteur y mettrait son nom. Erard
accepta, mais la supercherie ne resta pas longtemps
ignorée, et le jeune artiste sur lequel l'attention
venait de se fixer, acheva de se faire connaître par
son *clavecin mécanique* qui présentait plusieurs inventions dont on n'avait pas d'idée auparavant. A

l'âge de 25 ans Érard s'était déjà fait une telle réputation que c'était toujours à lui qu'on s'adressait pour toutes les innovations à apporter dans la construction des instruments. La duchesse de Villeroy l'attira chez elle et le chargea d'exécuter divers projets qu'elle avait conçus; elle lui donna dans son hôtel un local convenable pour ses travaux et ce fut là qu'Erard construisit son premier piano. A cette époque le piano, connu depuis quelques années en Allemagne et en Angleterre, était encore peu répandu en France; les instruments de ce genre qui se trouvaient alors à Paris provenaient de l'étranger; celui qu'Erard construisit pour la duchesse de Villeroy eut le succès le plus complet et attira à son auteur une foule de commandes.

Sébastien Erard avait été rejoint par son frère Jean-Baptiste qui depuis lors partagea ses travaux et ses succès. L'accueil fait aux instruments sortis de leurs ateliers les obligea bientôt à quitter l'hôtel de Villeroy pour prendre un établissement plus vaste qu'ils allèrent fonder rue de Bourbon au faubourg Saint-Germain. Les fabricants de clavecins, les luthiers qui faisaient le commerce de pianos étrangers, ne purent voir sans émoi la prospérité toujours croissante d'un établissement qui ruinait leur industrie. Erard trouva heureusement des protecteurs et obtint du roi un brevet qui lui permit d'exercer librement sa profession et facilita l'immense débit de ses pianos à deux cordes et à cinq octaves tels qu'on les faisait alors. A partir de ce moment une multitude d'inventions, d'un haut intérêt pour l'époque, vinrent attester la fécondité de son génie. Il imagina le *piano organisé* avec deux claviers, l'un pour le piano, l'autre pour l'orgue, qui devint bientôt à la mode. La reine Marie-Antoinette lui fit commander un de ces pianos; comme elle avait une voix peu étendue, les morceaux qu'elle chantait lui semblaient écrits trop haut ; Erard rendit mobile le clavier de l'instrument au moyen d'une clef qui le faisait monter ou descendre à volonté ; de cette manière la transposition s'opérait sans difficulté pour l'accompagnateur. Ce fut aussi pour le même instrument qu'il fit le premier essai de l'*orgue expressif* par la seule pression du doigt. Un autre instrument, la harpe commençait à se répandre en France. Le mécanisme imparfait des *harpes à crochets*, dont on se servait alors avait, entre autres inconvénients, celui de tirer les cordes hors de la verticale pour les élever d'un demi-ton. La *harpe à fourchettes* d'Erard fit disparaître ce défaut.

Les troubles de la révolution portèrent un notable préjudice à l'industrie d'Erard. Il prit le parti d'aller fonder à Londres une fabrique d'instruments qui obtint une grande vogue. Après le 9 thermidor il revint à Paris et signala son retour par ses grands pianos en forme de clavecins, dans le système anglais, qui sont les premiers instruments à *échappement* qu'on ait construits en France et dont il perfectionna le mécanisme dans ses pianos à queue, de moins grandes dimensions, qui parurent en 1808. Vers le même temps Erard, qui avait déjà établi sa harpe à *simple mouvement*, retourna en Angleterre où il construisit la harpe à *double mouvement*. En 1826 Erard exposa le modèle de son grand piano à *double échappement*, chef-d'œuvre de mécanisme qui réunissant dans un même clavier toutes les nuances des touches qu'offre le mécanisme simple et la précision du coup de marteau dans le mécanisme à échappement, était la solution d'un problème où ses devanciers avaient échoué. Enfin il mit le comble à sa réputation par le grand orgue qu'il construisit de 1827 à 1830, pour la chapelle royale des Tuileries. Peu de temps après avoir terminé ce beau travail, Érard termina sa longue et laborieuse carrière dans son château de la Muette à Passy où depuis quelques années il avait fixé sa résidence (5 août 1831).

Possesseur d'une fortune qu'il ne devait qu'à lui-même, il institua pour héritier son neveu Pierre Erard qui prit la direction des grands établissements que son oncle avait fondés à Londres et à Paris. Pierre Erard s'est également distingué par diverses inventions dans la fabrication des instruments, il est mort à Passy en août 1855. Son beau-frère Eugène Schæffer, ancien bâtonnier de l'ordre des avocats à Strasbourg, prit alors la direction de la fabrique et la garda jusqu'à sa mort en 1873. Aidée du concours d'un personnel intelligent et dévoué, Mme Erard ne laisse pas péricliter le précieux dépôt qui lui a été confié.

SOURCES : Luneau de Bois-Germain, *Almanach musical*, 1780 ; Grétry, *Essais sur la musique* ; Fétis, *Notice biographique sur Séb. Erard*, Paris, impr. Duverger, 1831, in-4º ; *Notice sur les travaux de MM. Erard*, Paris, Didot, 1855, in-4º.
Portrait lithographié par Motte.

HERZOG, Antoine

HERZOG, Antoine

Fondateur de la grande maison industrielle
du Logelbach est né à Dornach, dans le
département du Haut-Rhin, le 25 janvier
1786 d'une respectable famille qui vivait
de son travail. Doué d'une intelligence peu commune, il se fit remarquer de bonne heure par sa
pénétration et sa vivacité. Un manufacturier de
Mulhouse, ayant eu occasion d'observer le caractère de cet enfant, reconnut dans ses qualités les
conditions d'un avenir brillant. Il le prit en affection
et l'envoya à Paris, faire des études de mécanique
au conservatoire des arts et manufactures. Le jeune
Herzog devint bientôt un des premiers élèves de
cette institution et acquit les connaissances qui devaient l'amener à devenir un des principaux promoteurs de l'industrie manufacturière du pays. Au
sortir de l'école, il commença par être employé
dans un établissement de filature sur la Bièvre, puis
à Saint-Quentin. En 1806, il rentra en Alsace comme
directeur de la maison Lyschy et Zurcher à Boll-
willer. Trois ans plus tard, en 1809, Nicolas Schlumberger l'attacha à son établissement de Guebwiller,
pour diriger le montage de sa filature. Peu après,
M. Herzog épousa Mlle Ehret, d'une vieille famille
de la bourgeoisie de Masevaux. Sa femme, d'un
caractère ferme et décidé, lui assura l'appui nécessaire pour surmonter avec moins de peine les difficultés des premiers temps. Il en eut trois fils et
deux filles, tous nés au Logelbach, près Colmar,
où un autre Schlumberger se l'associa pour l'exploitation d'une filature de laine. Cette filature

de laine fut transformée en filature de coton et devint le noyau des grands établissements cotonniers élevés à partir de 1818 le long du canal du Logelbach sur l'emplacement de quelques moulins.

Grâce à son travail infatigable, M. Herzog ne tarda pas à devenir propriétaire unique de la maison dans laquelle il était entré d'abord comme directeur. Les principaux agrandissements de ses établissements datent des années 1822 et 1836. Secondé par ses deux fils aînés, Antoine et Eugène, dont le premier est resté depuis 1861 seul chef de la maison, il construisit en 1851 une succursale de ses filatures à Turckheim, après avoir acquis aussi deux tissages dans le val d'Orbey. En 1812, époque à laquelle il était encore simple employé, il dépassait le chiffre de sa fortune pour acheter à ses vieux parents une maison d'habitation et un jardin. A sa mort, survenue le 5 novembre 1861, il laissa à sa famille six établissements florissants occupant plusieurs milliers de bras, avec une fortune qui se chiffrait par des millions. Et l'on ne pouvait pas voir là, comme l'a dit, dans son oraison funèbre, un évêque de France devenu célèbre, qui était son compatriote, Mgr. Freppel, évêque d'Angers, « on ne pouvait pas voir là une de ces prospérités soudaines, qui naissent d'un heureux hasard, quand elles ne remontent à des causes encore moins honorables, mais le résultat d'un travail patient et courageux, d'une activité de tous les jours, soutenue et dirigée par le sentiment du devoir. »

Aussi M. Herzog s'était-il acquis l'estime générale. Tout en donnant la meilleure partie de son temps à l'industrie, il prit une part active aux affaires publiques, comme membre du Conseil général du Haut-Rhin, de la Chambre de commerce de Colmar, des différents comités de bienfaisance dont il a fait successivement partie. Fils de ses œuvres, doué d'un rare bon sens et d'une grande droiture de caractère, parvenu à la fortune par son intelligence et son travail, M. Herzog père aimait à rappeler ses modestes commencements, bien faits pour servir d'exemple et encourager son entourage. A ses ouvriers réunis à un banquet en 1850, le jour où le président de la République française lui avait envoyé la croix de la légion d'honneur en récompense de ses succès à l'exposition universelle de Londres, il disait: « J'ai travaillé comme vous; comme moi, avec l'aide de Dieu et le travail, vous pouvez aspirer à devenir patron et à obtenir ce signe d'honneur que vous m'avez aidé à gagner. »

Les Etablissements Herzog présentent aujourd'hui un ensemble d'environ 100,000 broches de filature, avec retordage et 1800 métiers à tisser, disséminés autour du Logelbach et dans les vallées voisines. Depuis leur fondation, ils n'ont cessé de se développer et de grandir. Avec le concours d'ingénieurs exercés et des ateliers de construction qui se trouvent sous la main, la création d'un tissage ou d'une filature est aujourd'hui chose facile, pour quiconque dispose des capitaux nécessaires. Il y a cinquante ou soixante ans, avant la construction des chemins de fer, il en était autrement. Alors il fallait chercher en Angleterre les machines voulues pièce par pièce, à cause de la prohibition sur la sortie des mécanismes complets. Ces pièces, on les réunissait comme on pouvait, suppléant à celles qui manquaient, commandant les engrenages dans un atelier, les arbres de transmission dans un autre, créant des moteurs dont la force et le rendement étaient encore mal connus. Impossible de réussir en pareilles conditions sans une capacité exceptionnelle et un travail soutenu. C'est dans ces conditions difficiles que M. Herzog a dû commencer son œuvre industrielle et qu'il a eu la satisfaction de la voir

prospérer, quand tant d'autres autour de lui ont
abouti à la ruine. Les produits sortis de ses fabriques jouissent toujours d'une excellente réputation, parfaitement appréciée pour leur qualité
et leur fini aux expositions universelles de la France
et de l'étranger. Ajouterons-nous que les perfec-
tionnements de l'outillage et des procédés méca-
niques n'ont pas seuls préoccupé les chefs de la
maison. Ceux-ci, en se tenant au courant des inventions et des progrès de la science, se sont en
même temps appliqués à l'amélioration morale et
matérielle de leurs ouvriers, non par des discours,
mais par des institutions de bienfaisance largement
dotées. Plusieurs écoles entretenues aux frais de la
maison, un hospice pour les ouvriers malades et
sans famille, les cités ouvrières de Colmar, con-
struites pour faciliter aux travailleurs l'accès de la
propriété par l'épargne, une caisse de retraite pour
les invalides et une caisse de secours dont l'organisation a pu servir de modèle aux institutions
obligatoires introduites maintenant par le gouvernement allemand, en vue d'enrayer la marche du
socialisme révolutionnaire, toutes ces œuvres attestent la sollicitude de la maison du Logelbach pour
le bien-être de ses ouvriers.

Toutes les libéralités du fondateur de cette puissante maison ne se renfermaient pas d'ailleurs dans
le cercle limité de la population ouvrière dont il
était le chef et le bienfaiteur. Nul ne faisait en vain
appel à sa générosité et selon l'heureuse expression
du biographe déjà cité plus haut, il avait « cet esprit
chrétien, cet esprit de charité qui sait faire tourner
l'opulence en mérite et permet à la richesse de devenir une vertu. » En mourant, Antoine Herzog
eut la satisfaction de laisser, avec son nom, à son
fils aîné la continuation de son œuvre. Comme tant
d'autres représentants de la grande industrie de

l'Alsace, la considération dont il a constamment joui auprès de ses concitoyens, lui valut à diverses reprises l'offre honorable de représenter la ville de Colmar et son arrondissement dans les grandes assemblées politiques. Il déclina cet honneur pour sa propre personne, et ce fut un de ses gendres, M. Eugène Lefébure, qui accepta le mandat législatif et qui resta sans interruption, pendant dix-huit ans, député du Haut-Rhin. Suivant l'exemple paternel, M. Antoine Herzog fils, qui dirige actuellement la maison du Logelbach, a renoncé aux honneurs publics, afin de continuer plus assiduement son œuvre industrielle. C'est lui qui a construit, avec la cité ouvrière de Colmar, le grand tissage de Bagatelle, l'établissement le plus important en ce genre, qui existe en Alsace. Promoteur de l'idée de la construction d'un système de réservoirs dans les vallées des Vosges pour l'amélioration du régime des eaux du bassin de l'Ill, il a établi les barrages des lacs d'Orbey, mis en culture les flancs arides du Letzenberg et corrigé le cours de la Fecht entre Ingersheim et Turckheim, élevé la jolie chapelle du Logelbach, provoqué de grandes entreprises de colonisation pour la culture du coton en Algérie et au Sénégal, pris l'initiative des institutions de secours et d'instruction déjà signalées comme autant de créations utiles et bienfaisantes, honneur d'une existence toute entière consacrée au travail!

HORNING, Frédéric

HORNING, FRÉDÉRIC

AQUIT le 25 octobre 1809 au presbytère d'Eckwersheim. Sa famille était originaire de Suède; son aïeul avait été aumônier dans l'armée de Gustave-Adolphe, son grand-père vint à Strasbourg en 1768 comme ouvrier-orfèvre, sa mère Eléonore-Marguerite Brida, fille du brasseur des Trois-Cigognes, avait assisté dans sa jeunesse aux grandes scènes de la Révolution et semblait avoir conservé dans son cœur toutes les ardeurs généreuses de cette époque agitée. Le jeune Frédéric fut sous ce rapport le digne fils de sa mère. A 9 ans il commença l'étude du français, il raconte la chose ainsi : « Notre promenade se dirigea vers une colline d'où l'on m'avait souvent fait voir les diverses constellations. Mon cher Fritz, me dit mon père, jusqu'ici j'ai été assez content de toi, tu aimes assez à t'instruire, je pense que puisque tu sais maintenant l'Histoire sainte, le catéchisme et le calcul, je pourrai te faire étudier quelque chose de nouveau. — Ah ! n'est-ce-pas, tu me diras comment cela se fait que quoique Français nous parlions l'allemand? — C'est cela, tu as deviné, mais pour que tu puisses comprendre ce que je te dirai à ce sujet, il faut que tu apprennes la langue française, nous commencerons ce soir. »

Alors que Horning achevait ses études, florissait le romantisme. Parmi les écrivains allemands qu'on peut ranger sous cette bannière Jean-Paul Richter excitait une admiration sans bornes par ses écrits où la fantaisie la plus capricieuse côtoie la plus exquise sentimentalité. L'œuvre singulièrement attrayante de Jean-Paul fait tout ensemble rire et pleurer, rêver et réfléchir; sans se rattacher à la doctrine chrétienne, elle n'en a pas moins une très haute portée morale et religieuse. L'ardente imagination du jeune élève en théologie s'éprit outre mesure de ces beautés littéraires et philosophiques. Cependant il s'agissait d'obtenir le grade de bachelier en théologie. Horning présenta à cet effet des *Conjectures sur la vie et l'éducation d'Otfried*, 1833. En 1837 Horning répondant aux vœux de l'inspecteur d'Académie Willin, soumit à l'Académie une étude sur les ouvrages d'Otfried, qui n'était pas destinée à l'impression.

Horning avait l'année précédente été nommé pasteur à Grafenstaden.

C'est là qu'eut lieu en lui cette évolution spirituelle qui transforma le jeune adepte des professeurs rationalistes en un champion indomptable de la doctrine luthérienne. Ce changement fut un fruit de l'expérience et du contact suivi avec la classe populaire. D'abord il avait appliqué dans sa prédication et sa pratique pastorale les principes traditionnels du rationalisme qui réduisaient la religion chrétienne à un code moral basé sur l'impératif catégorique et faisaient des ministres de l'Evangile des commentateurs de la morale naturelle et des auxiliaires de la police préventive. Il ne tarda pas à s'apercevoir que le peuple désirait plus et que la méthode légale ne produisait pas les résultats attendus, parce qu'elle est impuissante à convaincre l'homme de sa misère et à lui inspirer le désir d'être régénéré par la grâce. Des observations discrètes faites par des vieillards qui se souvenaient de l'ancienne prédication, des expériences faites auprès des malades et des âmes troublées, l'amenèrent à relire les anciens cantiques, les anciennes liturgies; les écrits des mystiques comme Arndt, Harms et achevèrent de le convaincre de la vanité du rationalisme et de la nécessité de confesser la doctrine de l'Evangile telle que ses pères l'avaient comprise et formulée. Son ardent intérêt pour le peuple, sa profonde sympathie pour les petits et les humbles, aidés par une parole puissante, ne tardèrent pas à lui concilier l'admiration enthousiaste de ceux au milieu desquels il vivait.

En 1845 Horning fut nommé pasteur à l'église de Saint-Pierre-le-Jeune à Strasbourg. Dès lors son champ d'activité s'agrandissait, non seulement par suite de l'organisation ecclésiastique de la ville qui permet à chacun de ses habitants de se rattacher à n'importe quelle paroisse, quelque quartier qu'il habite, mais aussi par les dispositions mêmes de son esprit qui devait le pousser à porter son attention sur toute l'Eglise d'Alsace. Comme orateur, Horning s'imposait à ses auditeurs par sa belle prestance et par une voix admirablement nuancée, tantôt douce et caressante, tantôt incisive et tonnante. Il avait adopté le cadre et la méthode des anciens sermonnaires protestants. Ses modèles étaient Luther, Jean Arndt, Heinrich Müller. Les cantiques des Gerhardt, des Terstegen lui étaient si familiers qu'il en récitait couramment les plus belles strophes. Horning ne se contentait pas de l'interprétation littérale des textes; il avait souvent recours à l'interprétation allégorique, dont il savait tirer des effets oratoires puissants. Il s'échauffait dans le cours de la discussion comme s'il avait affaire à un ennemi invisible et ne dédaignait pas les expressions fortes au risque de scandaliser les délicats; en un mot, c'était un romantique dans la chaire, un luthérien parlant la langue riche, imagée, inégale, de Jean-Paul.

L'activité dévorante de Horning ne s'en tint pas
à la prédication. Il devint un des rares pasteurs, qui
dans ces derniers temps sont parvenus à organiser
leur paroisse sur les fondements doctrinaux de
l'Eglise de la Confession d'Augsbourg et de rattacher à la vie paroissiale les différentes œuvres
charitables, telles que soin des malades, soin des
pauvres, œuvre des enfants abandonnés, évangé-
lisation, traités religieux, missions parmi les payens,
et autres œuvres tendant à raffermir la foi de
l'Eglise et à propager sa doctrine. Dans toutes ses
œuvres, il fut admirablement soutenu par son
épouse, un modèle de vertus chrétiennes.

Horning groupa autour de lui un petit nombre
d'amis dévoués, dont l'influence dans leurs paroisses
respectives allait croissant. Magnus et Guill. Horning
agissaient dans le Kochersberg, Huser, pasteur à
Rothbach, fit naître un mouvement religieux dans
le pays situé entre Haguenau et Saverne, Menegoz
se faisait entendre dans le Haut-Rhin, Jæglé à
Dorlisheim, et Weyermüller, négociant à Nieder-
bronn, soutenaient vaillamment leur chef spirituel.

Horning eut aussi recours à la presse pour exercer
une influence plus efficace. Son œuvre capitale, qu'il
acheva de concert avec M. Rittelmeyer, c'est le
Recueil de cantiques, qui parut en 1863 et qui tout
en excitant les protestations des adversaires se
répandit rapidement. Ajoutons qu'il publia une
traduction française du *Grand catéchisme de Luther*.

Horning ne combattit pas seulement le rationalisme, il entra aussi en lutte contre le piétisme
représenté par le pasteur Hærter. Il ne pouvait
s'entendre avec les hommes dits *du réveil piétiste*,
dont les tendances et les œuvres unionistes lui
paraissaient devoir amener la ruine de l'Eglise.

Après une vie de combats, couronnée par des
succès éclatants, sa fin fut digne de sa vie. Il se

réconcilia avec ceux qu'il avait pu offenser, il régla lui-même les moindres détails de la cérémonie funèbre et s'endormit dans le Seigneur, entouré de ses nombreux enfants, le 21 janvier 1882, à l'âge de 72 ans. Les obsèques de Horning furent l'occasion d'une importante manifestation à laquelle assistèrent des milliers de personnes, venues de près et de loin.

Il eut, avant de mourir, la satisfaction de voir quatre de ses fils se vouer au saint ministère.

Voy. : Rœhrich, dans la revue le *Témoignage*, Paris 1882 et N° 42, 1884; — *Friedrich Theodor Horning*, Lebensbild durch Wilhelm Horning, Pfarrer zu Jung-St.-Peter, Strasburg, 1883, Vomhoff, in-8°; — *Illustrirtes Jahrbuch für Christen Augsburger Confession auf 1883*, Strassburg, in-16; — *Nachklänge von Evangelien-Predigten* von Fried. Th. Horning; herausgegeben von Wilh. Horning, Strassburg, in 4° 1884. Vomhoff.

MARTHA, Constant

MARTHA, Benjamin-Constant

Né à Strasbourg le 4 juin 1820, ancien élève de l'Ecole normale de 1840 à 1842, professa la seconde et la rhétorique au lycée de Strasbourg. Reçu docteur ès-lettres à la Faculté de Paris en 1854, il fut nommé professeur de littérature ancienne à la faculté de Douai puis suppléant au Collège de France de Sainte-Beuve en 1857; en 1868 il passa comme professeur suppléant de M. Patin à la Sorbonne et en 1869 il fut appelé comme titulaire à la chaire d'éloquence latine en remplacement de M. Berger. Il a été élu membre de l'Académie des sciences morales et politiques (Section de morale) le 1 juin 1872 en remplacement d'Auguste Cochin. Il est décoré de la Légion d'honneur.

Son bagage littéraire se compose de quatre volumes : *Les Moralistes sous l'empire romain* 1865; *Le Poème de Lucrèce* 1869, in-8°, 2ᵉ éd. 1873, in-16; *Etudes morales sur l'antiquité* 1883; *La Délicatesse dans l'art*, 1884. Ceux qui ont assisté aux leçons familières données par lui au lycée, retrouvent dans ces ouvrages le résultat des études solitaires où il recherchait moins le succès que sa propre satisfaction. Déjà à cette époque éloignée Sénèque fournissait souvent la matière de la version et Fénelon celle du thème.

Le vers latin devait reproduire Lamartine :

Et les vents chauds d'automne amèneront la pluie...

Ou bien encore :

Oui je reviens à toi, berceau de mon enfance...

La période impériale fournissait la *Feuille* d'Ar-

nault et la période révolutionnaire les plaintes
d'A. Chénier sur *la mort d'un enfant* ou sur *la jeune
Tarentine*. Voltaire, Delille représentaient le dix-
huitième siècle, la plus forte concession à l'esprit
moderne était un emprunt à Brizeux :

Quand Louise mourut à sa quinzième année...

Dans ses *Moralistes*, M. Martha étudie Sénèque,
Perse, Juvénal, Epictète, Marc-Aurèle, Lucien. Il
n'est point de la race de ces critiques qui, comme
Sainte-Beuve, veulent connaître le fond et le tré-
fond de l'individu. Un écrivain ne le retient qu'autant qu'il découvre en lui l'occasion d'une étude
générale, le type d'une famille humaine, lorsqu'il
lui sert à comprendre les curiosités, les sentiments
ou les passions de toute une époque. L'étude sur
Perse est peut-être la plus neuve du volume, on y
trouve même une critique plus personnelle que
l'auteur n'a l'habitude d'en faire : « il y a une tren-
taine d'années une jeune école de poésie exhu-
ma les idées et les images de notre antiquité nationale. Les mêmes prétentions qui chez nous ne
furent pas non plus toujours plus heureuses donnèrent naissance aux mêmes défauts et particuliè-
ment à cet amalgame hétéroclite de l'emphase et
de la trivialité qu'on regarda comme une nécessité
du genre et comme la langue naturelle du moyen-
âge. On bâtit même là-dessus plus d'une théorie
littéraire qui n'est pas oubliée et dont les vers de
Perse sont une spirituelle critique. » Il s'agit appa-
remment de la préface de *Cromwell* par un certain V. Hugo, dont le critique dirait volontiers :

Son nom jamais n'attristera... ma prose.

Abandonnant les écrivains de la Rome impériale, M. Martha est remonté à l'âge précédent, il
s'est tourné vers Lucrèce et a fait de son poème
l'objet d'une étude qui remplit un volume. C'est
l'œuvre de la maturité de sa vie et le redoutable

sujet qu'il avait osé aborder ne l'a pas écrasé. Si le traducteur a été vaincu lorsqu'il a essayé de rendre en vers les plus magnifiques passages du *Livre de la Nature*, le moraliste n'a pas été au-dessous de sa tâche. Personne n'a parlé de Lucrèce avec plus de justesse et d'exactitude, mieux fait ressortir les contrastes de cette âme sensible et de cette intelligence superbe, de ce caractère altier qui s'est fait comme une loi de ne se laisser toucher par rien, qui s'est attaché à la doctrine de l'insensibilité et ne peut s'empêcher cependant de laisser voir le sang qui coule de toutes les blessures de son cœur. En 1869 l'école érudite commençait à prendre le dessus, aussi l'auteur, bien qu'il ait déclaré plus tard « qu'on ne peint pas les âmes avec des gloses » a-t-il mis des notes dont une nous revient par droit de naissance : « au moment où l'esprit occupé de notre poète, je passais à Molsheim, je vis sur les murs de l'ancien Hôtel-de-Ville, à la hauteur du premier étage, ces mots gravés qu'un ouvrier badigeonneur s'était amusé à peindre en noir : LVCRET... ROMA... MARCUS. Ce sont les débris d'une inscription dont la pierre brisée aura fourni des moellons à la construction du bâtiment. On retrouvera peut-être un jour l'inscription entière sous le plâtre. »

Les *Etudes morales sur l'antiquité* comprennent : l'*Eloge funèbre chez les Romains*, le *philosophe Carnéod à Rome*, les *Consolations dans l'antiquité*, l'*Examen de conscience chez les anciens*, un *Chrétien devenu païen*, un *Païen devenu chrétien*. Ces deux derniers titres, dont on pourrait dire qu'ils ont « quelque chose de rare » signifient *Julien* et *Synésius*. Dès le premier chapitre on voit la tendance de l'écrivain à témoigner pour l'antiquité non seulement de la sympathie, mais de la superstition. Nous ne disons plus si volontiers que la littérature ancienne est la perfection et qu'en dehors des théories qu'elle consacre il n'y a point de salut. Le sentiment de la nature, la conception idéale des faits de la vie humaine peuvent revêtir selon les temps et les lieux des formes diverses également belles. Autre est la beauté du drame de Shakspeare, autre celle du drame grec. Tous les moindres débris échappés aux ravages du temps ne réclament pas l'admiration. Il y a aussi des choses fades et ennuyeuses dans la littérature ancienne ; les Grecs et les Latins, bien qu'étonnamment doués, étaient hommes, c'est-à-dire faibles et sujets à l'erreur.

Le plus récent volume de M. Martha est un volume d'esthétique, mettons : de psychologie, pour plaire à l'auteur, la *délicatesse*, la *précision*, la *moralité dans l'art* en forment les trois premiers chapitres. Nous ne voudrions pas ici broder des toiles d'araignées, comme Voltaire l'a dit de Bayle, mais quand nous voyons accuser Schiller de n'avoir pas été délicat pour avoir rendu : *C'est toi qui l'as nommé !* par : *Du nanntest ihn, nicht ich,* nous nous demandons si en tenant compte du génie de chaque langue, on peut articuler pareil reproche. Est-ce que le mot-à-mot : *Du bist es der du ihn nanntest,* aurait valu mieux ?

Le chapitre sur le *défaut de précision dans la poésie contemporaine* ne nous semble lui-même pas assez précis parce que d'une part il ne cite aucun nom, ne désigne personne, parce que d'autre part il n'est pas daté. Néanmoins il commence par des considérations que nous voulons nous donner le plaisir de citer :

« A une imagination avide la poésie offre un aliment, à de vagues amours une idole, à un cœur sans emploi un objet d'adoration. Elle fixe sur elle-même, sur ses innocentes beautés, ces enthousiasmes faciles, errants, en quête d'émotions et qui, ne

sachant où se prendre, s'affolent souvent de moins
dignes objets. Elle a de plus, l'avantage d'exercer
l'esprit, d'affiner le goût, de fournir les plus délica-
tes matières à la dialectique naissante du jeune
homme, à ses instincts disputeurs et lui donne de
bonne heure le désir et le plaisir de se faire des
convictions qui, pour être littéraires, n'en sont pas
moins généreuses. »

C'est en poussant ses élèves dans cette direction que M. Martha a laissé dans leur souvenir une
trace lumineuse et répandu des semences dont la
fécondité peut faire pardonner l'éclosion de bien
des vers.

P. R.

Voy. Ch. Bigot, *Revue alsacienne*, 1879-1880.

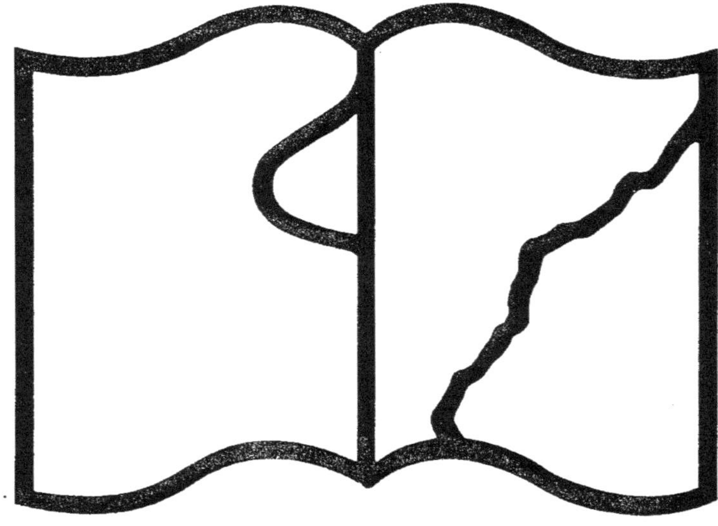

Texte détérioré — reliure défectueuse

NF Z 43-120-11